Impressão legal

Saage Media GmbH
c/o SpinLab – The HHL Accelerator
Spinnereistraße 7
04179 Leipzig, Germany
E-Mail: contact@SaageMedia.com
Web: www.SaageMedia.com
Commercial Register: Local Court Leipzig, HRB 42755 (Handelsregister: Amtsgericht Leipzig, HRB 42755)
Managing Director: Rico Saage (Geschäftsführer)
VAT ID Number: DE369527893 (USt-IdNr.)

Editora: Saage Media GmbH
Publicação: 02.2025
Design da capa: Saage Media GmbH
ISBN Capa mole (pt): 978-3-384-53510-8
ISBN Ebook (pt): 978-3-384-53511-5

Legal / Avisos

Os links externos e referências às fontes listados neste livro foram verificados no momento da publicação. O autor não tem influência sobre os designs e conteúdos atuais e futuros das páginas vinculadas. O fornecedor do site vinculado é o único responsável por conteúdos ilegais, incorretos ou incompletos, bem como por danos decorrentes do uso ou não uso das informações, não quem se refere à respectiva publicação através de links. Todas as fontes externas utilizadas estão listadas na bibliografia. Apesar do cuidadoso controle de conteúdo, não assumimos responsabilidade pelo conteúdo de fontes externas. Os operadores das fontes citadas são os únicos responsáveis pelo seu conteúdo. Imagens e fontes de terceiros são marcadas como tal. A reprodução, processamento, distribuição e qualquer tipo de exploração fora dos limites dos direitos autorais requerem o consentimento por escrito do respectivo autor ou criador.
Este livro foi traduzido do alemão. Desvios do original ou erros de tradução não podem ser completamente descartados. Todas as fontes citadas no livro estão disponíveis em inglês. Não nos responsabilizamos por quaisquer imprecisões ou mal-entendidos de conteúdo que possam surgir através da tradução.
Os dados nos diagramas que não estão explicitamente marcados com uma fonte não são baseados em estudos, mas são suposições não vinculativas para melhor visualização.
Este livro foi criado usando Inteligência Artificial (IA) e outras ferramentas. Entre outras coisas, foram utilizadas ferramentas para pesquisa, escrita/edição e geração de ilustrações decorativas. Apesar do controle, os erros não podem ser completamente descartados. Gostaríamos de enfatizar que o uso de IA serve como uma ferramenta de suporte para proporcionar aos nossos leitores uma experiência de leitura de alta qualidade e inspiradora.

Criptomoedas e Bitcoin: O Guia Completo para Trading e Mineração de Cripto

Bendis Saage

Criptomoedas: Guia Completo de Blockchain, Bitcoin e Investimentos Digitais

Aprenda sobre mineração, estratégias de trading, gestão de carteiras e análise de mercado para construir seu patrimônio no mundo cripto

33 Fontes
41 Diagramas
23 Imagens
7 Ilustrações

Queridos leitores,

agradecemos de coração por terem escolhido este livro. Com a vossa escolha, não só nos deram a vossa confiança, mas também parte do vosso precioso tempo. Agradecemos muito.

Criptomoedas e Bitcoin: O Guia Completo para Trading e Mineração de Cripto

Este guia fornece informações compreensíveis e práticas sobre um tópico complexo. Graças a ferramentas digitais desenvolvidas internamente que também utilizam redes neurais, pudemos realizar pesquisas extensivas. O conteúdo foi estruturado de forma ideal e desenvolvido até a versão final para fornecer uma visão geral bem fundamentada e facilmente acessível. O resultado: você obtém uma visão abrangente e se beneficia de explicações claras e exemplos ilustrativos. O design visual também foi otimizado por meio deste método avançado para que você possa captar e usar as informações rapidamente.

Nos esforçamos pela máxima precisão, mas agradecemos qualquer indicação de possíveis erros. Visite nosso site para encontrar as últimas correções e adições a este livro. Estas também serão incorporadas em edições futuras.

Esperamos que goste de ler e descubra coisas novas! Se tiver sugestões, críticas ou perguntas, aguardamos seu feedback. Somente através da troca ativa com vocês, leitores, as futuras edições e obras poderão se tornar ainda melhores. Mantenha-se curioso!

Bendis Saage

Saage Media GmbH - Equipe

- www.SaageBooks.com/pt
- support@saagemedia.com
- Spinnereistraße 7 - c/o SpinLab – The HHL Accelerator, 04179 Leipzig, Germany

Acesso rápido ao conhecimento

Para garantir uma experiência de leitura ideal, gostaríamos de familiarizá-lo com as principais características deste livro:

- **Estrutura Modular:** Cada capítulo é independente e pode ser lido separadamente dos outros.
- **Pesquisa Aprofundada:** Todos os capítulos são baseados em pesquisa minuciosa e são apoiados por referências científicas. Os dados mostrados nos diagramas servem para melhor visualização e são baseados em suposições, não nos dados fornecidos nas fontes. Uma lista abrangente de fontes e créditos de imagem pode ser encontrada no apêndice.
- **Terminologia Clara:** Termos técnicos sublinhados são explicados no glossário.
- **Resumos dos Capítulos:** No final de cada capítulo, você encontrará resumos concisos que fornecem uma visão geral dos pontos principais.
- **Recomendações Concretas:** Cada subcapítulo conclui com uma lista de conselhos específicos para ajudá-lo a colocar em prática o que aprendeu.

Materiais bônus adicionais em nosso site

Em nosso site, planejamos disponibilizar os seguintes materiais exclusivos:

- Conteúdo bônus e capítulos adicionais
- Um resumo geral compacto
- Uma versão em radionovela. (Em planejamento)

O site está atualmente em construção.

www.SaageBooks.com/pt/criptomoedas-bonus-YZ5HOY

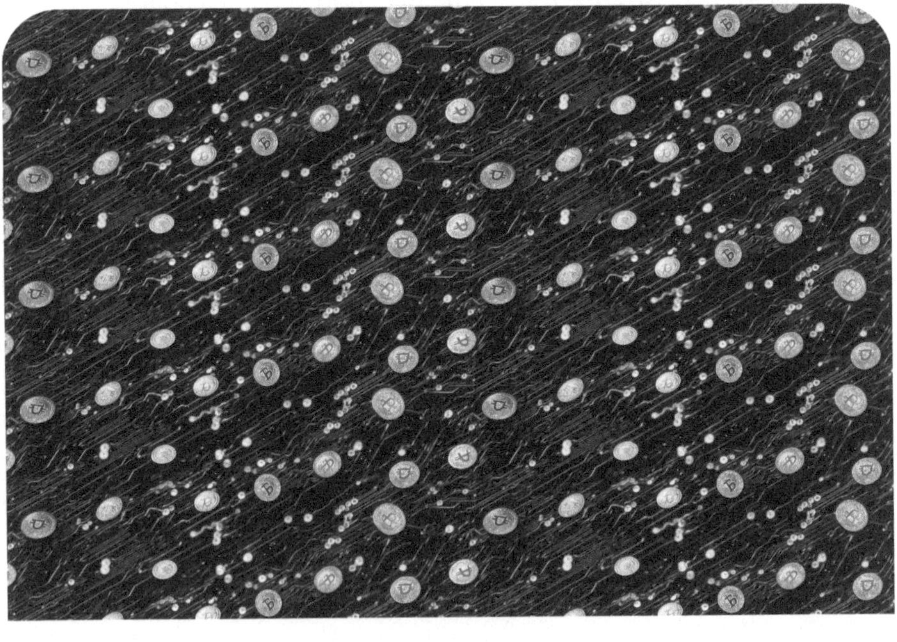

Índice

- 2. Negociação de Criptomoedas
  - 2. 1 Estratégias de Negociação
    - Investimento a Longo Prazo
    - Day Trade
    - Diversificação de Portfólio
  - 2. 2 Plataformas de Negociação
    - Plataformas de Negociação Centralizadas
    - Bolsas Descentralizadas
    - Negociação Direta
  - 2. 3 Gestão de Risco
    - Limitação de Perdas
    - Tamanho das Posições
    - Realização de Lucros

- Fontes de imagem

1. Fundamentos das Criptomoedas

Você já se perguntou como um sistema de pagamento digital pode funcionar sem controle central? A revolução das moedas digitais baseia-se em inovações tecnológicas revolucionárias que mudam fundamentalmente nossa concepção de dinheiro. Desde a tecnologia blockchain até métodos de criptografia complexos, novas possibilidades para transações seguras e transparentes estão surgindo. Os mecanismos por trás desse sistema parecem inicialmente complexos, mas podem ser reduzidos a princípios básicos. Neste capítulo, decifraremos passo a passo os conceitos fundamentais que tornam as criptomoedas um dos desenvolvimentos mais empolgantes da era digital.

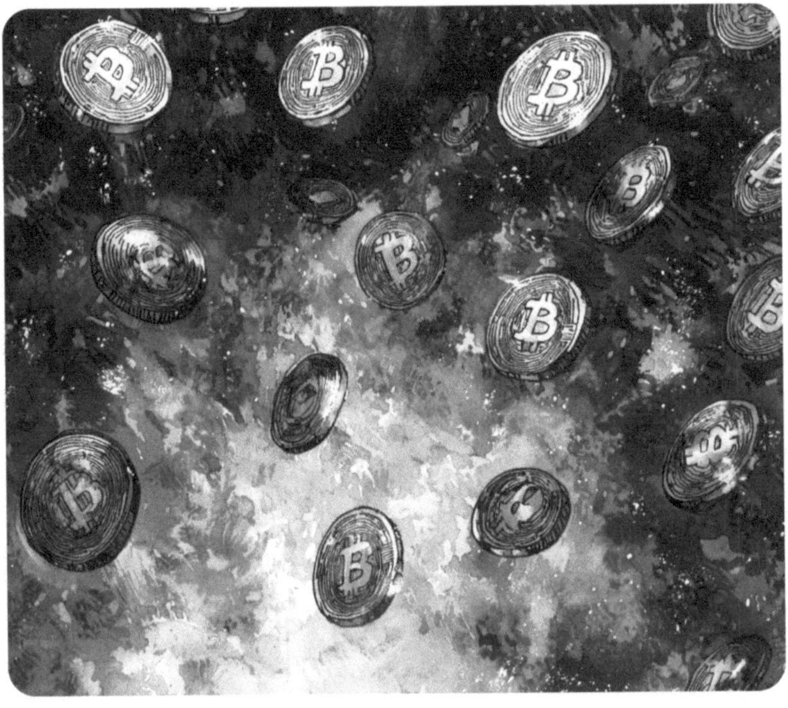

1. 1 Funcionamento Técnico

As criptomoedas baseiam-se em mecanismos técnicos complexos que garantem segurança, transparência e descentralização. Este capítulo ilumina o funcionamento básico da blockchain, redes descentralizadas e carteiras digitais. Assim, os desafios e a utilidade prática dessas tecnologias para o manejo seguro de criptomoedas tornam-se evidentes. Compreenda os fundamentos técnicos e estabeleça a base para um trading e mineração de criptomoedas bem-sucedidos.

A chave privada de uma carteira é como a senha para seus ativos em criptomoedas e deve ser mantida em segredo. A perda da chave privada significa a perda irreversível dos ativos correspondentes.

Blockchain como Fundamento

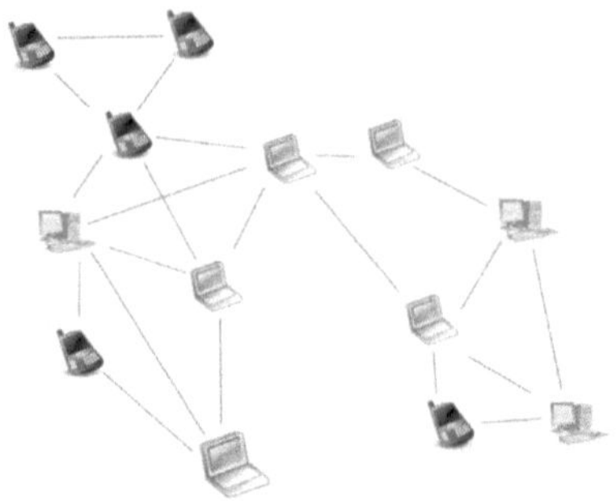

Transações peer-to-peer [i2]

A blockchain forma a espinha dorsal das criptomoedas como o Bitcoin. Ela serve como um registro descentralizado e público que armazena todas as transações de forma cronológica e imutável. Cada novo bloco na cadeia contém um hash do bloco anterior, criando uma história contínua. Essa ligação garante a integridade do sistema, pois uma alteração posterior em um bloco mudaria todos os hashes subsequentes, o que seria imediatamente detectável. A descentralização significa que a blockchain não é controlada por uma única instituição, como um banco, mas está distribuída em muitos computadores na rede. Isso aumenta a segurança e a resistência contra ataques ou manipulações. Outro aspecto importante é a transparência. Todas as transações são publicamente visíveis, mas sem a divulgação da identidade das partes envolvidas. Em vez disso, são utilizados chaves criptográficas, que funcionam como assinaturas digitais e confirmam a autenticidade das transações. Essa combinação de descentralização, imutabilidade e transparência torna a blockchain uma tecnologia inovadora com diversas possibilidades de aplicação. Ela oferece um alto nível de segurança e confiança, sem a necessidade de uma entidade de controle central. A tecnologia blockchain permite transações peer-to-peer, ou seja, pagamentos podem ser realizados diretamente entre duas partes, sem intermediários como bancos. Isso pode reduzir os custos de transação e aumentar a velocidade das transferências. Para entender melhor o funcionamento, vamos considerar o processo de confirmação de transações. Quando uma transação é iniciada, ela é primeiramente disseminada na rede. Mineradores, computadores especiais na rede, coletam essas transações e as agrupam em blocos. Para adicionar um bloco à blockchain, os mineradores precisam resolver complexos quebra-cabeças matemáticos, um processo conhecido como "mineração". O primeiro minerador que resolver o quebra-cabeça adiciona o bloco à blockchain e recebe uma recompensa em forma de criptomoeda. Esse mecanismo, conhecido como "Proof-of-Work", assegura a rede e previne atividades fraudulentas. A segurança da blockchain é garantida por métodos criptográficos. Cada bloco contém um hash, uma sequência alfanumérica única que representa o conteúdo do bloco. Se apenas um caractere no bloco mudar, o hash também mudará. Através da ligação dos blocos por meio de hashes, a integridade de toda a blockchain é assegurada. Qualquer tentativa de manipular uma transação alteraria os hashes de todos os blocos subsequentes e seria imediatamente detectável. A tecnologia blockchain também oferece a possibilidade de implementar contratos inteligentes. Contratos inteligentes são contratos autoexecutáveis, cujas condições estão definidas diretamente no código. Assim que as condições predefinidas são atendidas, o contrato é executado automaticamente. Isso permite a automação de processos complexos e reduz o risco de fraudes ou erros humanos. Por exemplo, contratos inteligentes poderiam ser utilizados na logística da cadeia de suprimentos para acionar automaticamente o pagamento assim que um produto for entregue. O uso de uma blockchain também pode melhorar a rastreabilidade de produtos. Cada etapa na cadeia de suprimentos pode ser documentada na blockchain, desde a fabricação até a venda. Isso permite um rastreamento transparente e à prova de manipulações de produtos, o que é especialmente relevante para bens sensíveis como alimentos ou medicamentos. Os clientes poderiam, por exemplo, escanear um código QR para visualizar todo o histórico de um produto, desde a origem até a localização atual. Embora a tecnologia blockchain seja complexa, entender seus princípios fundamentais é essencial para compreender o funcionamento das criptomoedas e seu potencial. A descentralização,

imutabilidade e transparência da blockchain oferecem novas oportunidades para transações e processos seguros e eficientes. O desenvolvimento contínuo e a aplicação dessa tecnologia em diversas áreas prometem mudanças transformadoras no futuro. Ao escolher uma criptomoeda ou uma aplicação baseada em blockchain, preste atenção à tecnologia subjacente e aos aspectos de segurança associados. Informe-se sobre a reputação dos desenvolvedores e da comunidade que apoia o projeto.

Mineração [i1]

Bom saber

Chaves Criptográficas

Chaves criptográficas são como senhas digitais usadas para criptografar e descriptografar informações. Em criptomoedas, elas são usadas para autorizar transações e provar a propriedade. Existem dois tipos de chaves: a chave privada, que deve ser mantida em segredo, e a chave pública, que pode ser compartilhada.

Contratos Inteligentes

Contratos inteligentes são contratos autoexecutáveis armazenados na blockchain. As condições do contrato são escritas em código e executadas automaticamente assim que determinadas condições são atendidas. Isso permite acordos automatizados seguros e transparentes sem intermediários.

Proof-of-Work

Proof-of-Work é um mecanismo de consenso usado para garantir a integridade da blockchain. Mineradores devem empregar poder computacional para resolver problemas matemáticos complexos antes de poder adicionar um novo bloco. Isso torna extremamente difícil e caro manipular a rede.

Transações Peer-to-Peer

Transações peer-to-peer permitem a troca direta de valores entre duas partes sem intermediários como bancos. Isso resulta em transações mais rápidas e taxas mais baixas. A blockchain possibilita essas transações devido à natureza descentralizada da rede.

Tempo de Confirmação da Transação vs. Tempo de Bloco

Ilustra a relação entre o tempo de confirmação da transação e o tempo de bloco.

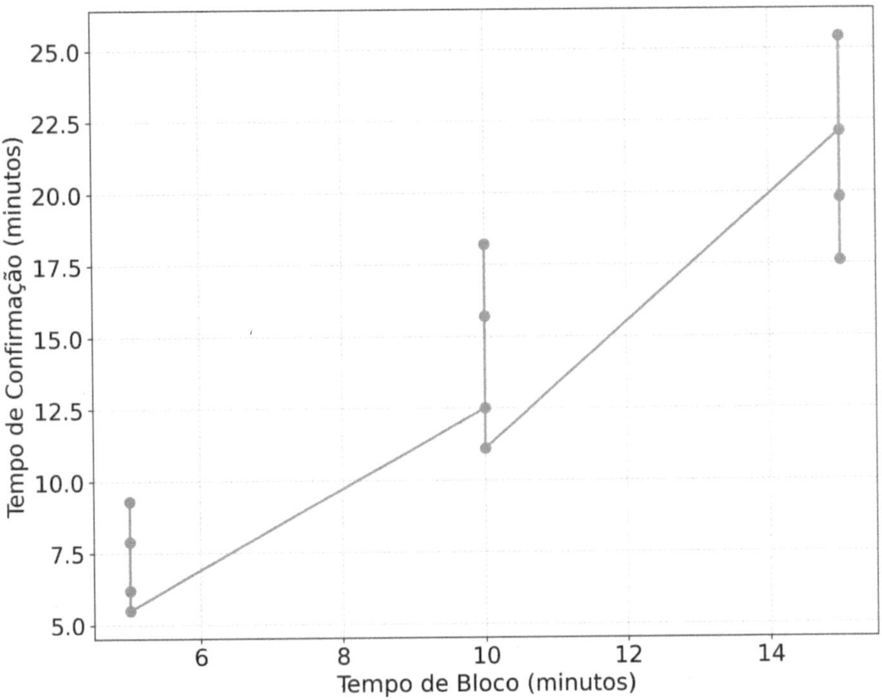

Este gráfico demonstra como os tempos de confirmação de transações são influenciados pelo tempo de bloco. Tempos de bloco mais curtos geralmente levam a confirmações mais rápidas, pois as transações são incluídas em blocos com mais frequência. No entanto, outros fatores, como congestionamento da rede e taxas de transação, também podem desempenhar um papel. A natureza flutuante do tempo de confirmação, mesmo com um tempo de bloco consistente, destaca a natureza dinâmica da rede blockchain.

Redes Descentralizadas

Redes descentralizadas são o coração das criptomoedas e diferem fundamentalmente dos sistemas tradicionais centralizados. Em vez de uma instância central, como um banco, que controla e valida transações, o controle na rede descentralizada é distribuído entre muitos participantes, chamados de nós. Esses nós são computadores conectados à internet que operam juntos na rede. Cada nó armazena uma cópia completa da blockchain e contribui para a segurança e integridade do sistema. Essa arquitetura distribuída oferece várias vantagens. Ela aumenta a resiliência, pois a rede continua a funcionar mesmo que alguns nós falhem. A falha de um único servidor, como em um banco, pode paralisar todo o serviço. Redes descentralizadas também são mais resistentes à censura e manipulação, pois nenhuma parte única controla a rede. Um governo ou instituição não pode simplesmente bloquear transações ou alterar dados. Uma rede descentralizada pode ser comparada a um grande sistema contábil global, conduzido por muitos auditores independentes. Cada auditor tem acesso a todos os registros e pode verificar a precisão das transações. Isso aumenta a transparência e a confiança no sistema. Outro aspecto das redes descentralizadas é a forma de comunicação entre os nós. Eles se comunicam diretamente entre si, sem um intermediário central. Este princípio de Peer-to-Peer permite transações rápidas e eficientes, pois nenhuma instância central desacelera a comunicação ou cobra taxas adicionais. As transações são realizadas diretamente entre as partes envolvidas. Você pode imaginar isso como uma troca direta de mensagens entre duas pessoas, sem que um carteiro precise entregar a mensagem. A descentralização também traz desafios técnicos. A coordenação entre os muitos nós independentes é complexa e requer protocolos e algoritmos especiais. Um aspecto importante é o mecanismo de consenso, que garante que todos os nós estejam na mesma página e validem as mesmas transações. O mecanismo de Proof-of-Work, utilizado pelo Bitcoin, é um exemplo de tal mecanismo de consenso. Ele exige que os mineradores resolvam problemas computacionais complexos para adicionar novos blocos à blockchain. Esse processo assegura a rede e previne manipulações.

Ao escolher uma criptomoeda, é aconselhável se informar sobre o mecanismo de consenso utilizado, pois ele influencia a segurança e eficiência da rede. Preste atenção, por exemplo, às informações sobre consumo de energia, escalabilidade e segurança do mecanismo de consenso escolhido. A arquitetura de uma rede descentralizada também afeta a velocidade e os custos das transações. Como cada nó deve processar cada transação, a velocidade das transações pode diminuir em alta carga de rede. As taxas associadas a uma transação dependem de vários fatores, como a carga da rede e a complexidade da transação. Informe-se sobre os tempos e custos médios de transação antes de usar uma criptomoeda, para evitar surpresas desagradáveis. Compare os valores oferecidos por diferentes criptomoedas para encontrar a opção que melhor atenda às suas necessidades. A descentralização desempenha um papel crucial na segurança e independência das criptomoedas. Ela possibilita um sistema financeiro transparente, resistente à censura e à falhas, que não é controlado por uma única instância. Compreender como funcionam as redes descentralizadas é essencial para entender as vantagens e desafios das criptomoedas e tomar decisões informadas ao escolher e utilizar. Informe-se detalhadamente sobre os diversos aspectos da descentralização para avaliar adequadamente as oportunidades e riscos dessa tecnologia.

Bom saber

Escalabilidade

Escalabilidade refere-se à capacidade de uma rede de lidar com um volume crescente de transações sem que a velocidade e os custos das transações sejam negativamente afetados.

Mecanismo de Consenso

Um mecanismo de consenso é um procedimento pelo qual os nós em uma rede descentralizada concordam sobre o estado atual da blockchain. Ele garante que todos os nós validem as mesmas transações e as adicionem à blockchain.

Proof-of-Work

Proof-of-Work (PoW) é um mecanismo de consenso em que mineradores devem resolver problemas computacionais complexos para adicionar novos blocos à blockchain e validar transações. Esse processo assegura a rede e previne manipulações, mas requer muita energia.

Peer-to-Peer

Peer-to-Peer (P2P) refere-se a uma rede onde todos os participantes são iguais e se comunicam diretamente entre si, sem um servidor central. No contexto das criptomoedas, o P2P permite transações diretas entre usuários, sem intermediários.

Distribuição de Nó de Rede Descentralizada

Distribuição de nó por contagem de conexão e volume de transação.

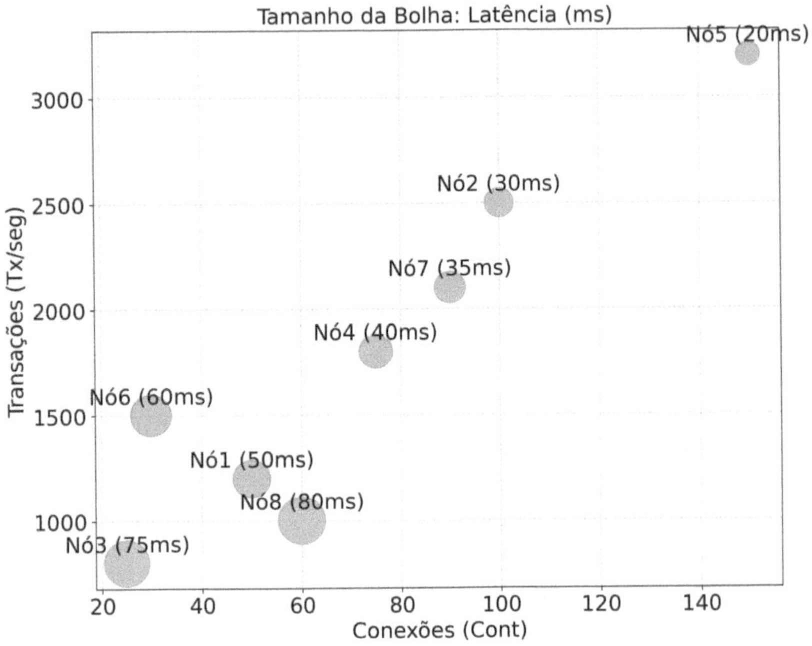

Blasengröße: Latência (ms)

Nó1: Nó 01	Nó2: Nó 02
Nó3: Nó 03	Nó4: Nó 04
Nó5: Nó 05	Nó6: Nó 06
Nó7: Nó 07	Nó8: Nó 08

O gráfico revela uma correlação entre o número de conexões que um nó tem e o volume de transação que ele processa. Nós com maior número de conexões tendem a lidar com um número significativamente maior de transações. No entanto, alguns nós com menos conexões ainda gerenciam uma carga substancial de transações, sugerindo posicionamento estratégico ou funções especializadas dentro da rede. Esta distribuição desigual destaca a natureza dinâmica das redes descentralizadas e as diferentes contribuições dos nós individuais.

Carteiras Digitais

Carteiras digitais, frequentemente chamadas de wallets, são essenciais para a gestão de criptomoedas. Elas permitem o acesso aos seus ativos digitais e a realização de transações. Existem diferentes tipos de wallets, que variam em suas características de segurança e facilidade de uso. Software-Wallets são programas instalados em computadores ou smartphones. Hardware-Wallets armazenam as chaves criptográficas offline em um dispositivo separado, aumentando a segurança, pois não estão constantemente conectadas à internet. Wallets web são acessíveis online e oferecem conveniência, mas apresentam um risco maior em comparação com soluções offline. Paper-Wallets armazenam as chaves em uma impressão em papel, que deve ser guardada com segurança. Uma wallet contém duas informações importantes: a chave pública e a chave privada. A chave pública serve como seu endereço na rede, comparável a um número de conta. Você pode compartilhá-la sem preocupações para receber criptomoedas. A chave privada, por outro lado, é como uma senha e permite o acesso e uso de suas criptomoedas. Ela deve ser mantida em segredo. Conhecer a chave privada equivale a possuir a criptomoeda correspondente. Se você a perder, perderá o acesso ao seu patrimônio. Portanto, a segurança da chave privada é crucial. Um procedimento comum é o uso de uma Seed Phrase, uma série de palavras que geram a chave privada. Essa frase deve ser guardada em um local seguro, offline e, idealmente, em várias cópias. Um local seguro pode ser um cofre bancário ou um cofre específico para esse fim. O funcionamento de uma wallet baseia-se em procedimentos criptográficos, que garantem a segurança de seus ativos digitais. Quando você deseja realizar uma transação, sua wallet usa sua chave privada para assinar digitalmente a transação. Essa assinatura prova que você é o legítimo proprietário da criptomoeda. A transação é então enviada à rede e verificada pelos mineradores antes de ser adicionada à Blockchain. Ao escolher uma wallet, você deve considerar vários fatores. O nível de segurança, a facilidade de uso e a compatibilidade com as criptomoedas que você utiliza são relevantes. Para iniciantes, wallets de software ou web que sejam fáceis de usar são adequadas. Para quantias maiores ou investimentos de longo prazo, wallets de hardware são a opção mais segura. Informe-se sobre as vantagens e desvantagens dos diferentes tipos de wallets e escolha aquela que melhor atende às suas necessidades e exigências de segurança. Ao configurar uma wallet, preste atenção à seriedade do provedor. Use apenas software e plataformas confiáveis para minimizar o risco de fraudes ou perda de dados. Verifique as avaliações e depoimentos de outros usuários antes de decidir por uma wallet específica. A segurança de seus ativos digitais depende significativamente da escolha e do uso correto de sua wallet. Uma seleção cuidadosa e a observância das diretrizes de segurança são, portanto, essenciais. Um exemplo de como aumentar a segurança é ativar a <u>autenticação de dois fatores</u>, que requer um código de segurança adicional para acessar sua wallet. Esse código é geralmente gerado por um aplicativo separado em seu smartphone. Assim, o acesso à sua wallet é dificultado, mesmo que alguém conheça sua senha. Além disso, você pode usar a função de whitelisting, que permite apenas transações para endereços previamente aprovados.

Gerenciar várias wallets pode ser útil para atender a diferentes propósitos ou diversificar o risco. Você pode usar uma wallet para transações diárias e outra para investimentos de longo prazo. - Para transações regulares, uma wallet online é recomendada, enquanto para investimentos de longo prazo, uma wallet de hardware é aconselhável.
- Para requisitos de segurança particularmente altos, você pode usar uma <u>wallet multi-assinatura</u>, que requer a aprovação de várias partes para uma transação.
- Lembre-se de que cada wallet precisa de seu próprio backup. Guarde esses backups em diferentes locais seguros.

Combinando diferentes tipos de wallets e medidas de segurança, você pode gerenciar e proteger suas criptomoedas de forma eficaz. Mantenha-se informado sobre novos desenvolvimentos e vulnerabilidades de segurança para proteger seus ativos digitais da melhor maneira possível.

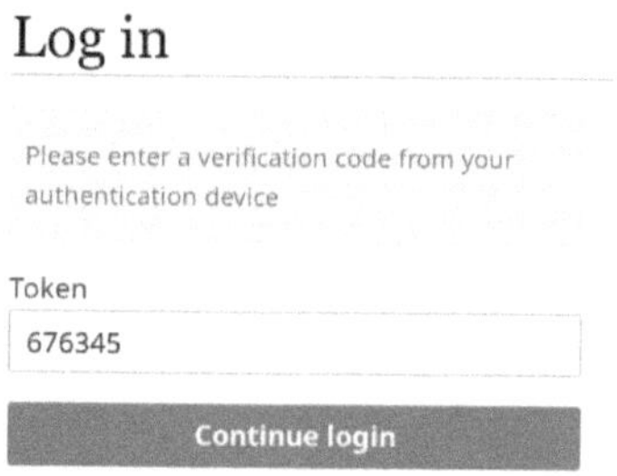

Autenticação de dois fatores [i3]

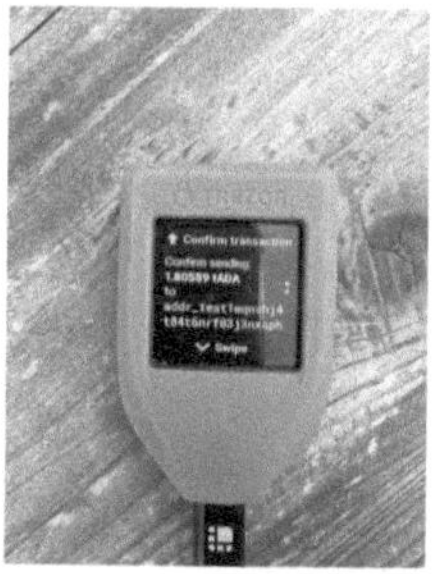

Carteiras de hardware [i4]

Bom saber

Wallet de Software

Programas instalados em um computador ou smartphone que armazenam as chaves do usuário. Oferecem um nível de segurança menor em comparação com wallets de hardware.

Assinatura Digital

Uma prova criptográfica que confirma que uma transação foi autorizada pelo proprietário da chave privada.

Autenticação de Dois Fatores

Uma medida de segurança que requer um segundo fator (por exemplo, um código de um aplicativo) além da senha para confirmar o acesso a uma conta.

Wallet de Hardware

Dispositivos físicos que armazenam as chaves privadas offline e assinam transações. Considerados o método mais seguro para armazenar criptomoedas.

Paper-Wallet

Armazenamento offline das chaves em uma impressão em papel. São seguras, desde que o papel seja guardado com segurança e não seja danificado.

Procedimentos Criptográficos

Métodos matemáticos que garantem a segurança e integridade das transações de criptomoedas.

Wallet Multi-Assinatura

Uma wallet que requer a aprovação de várias partes para autorizar uma transação.

Níveis de Segurança da Carteira Digital

Comparação de segurança de diferentes tipos de carteira digital.

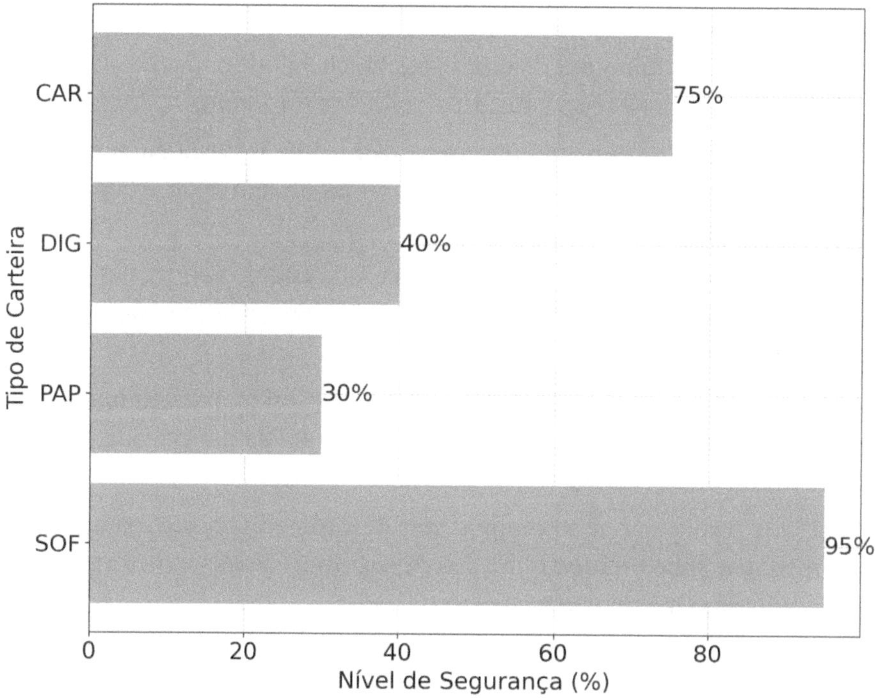

CAR: Carteira de Hardware

DIG: Carteira Web

PAP: Carteira de Papel

SOF: Carteira de Software

Carteiras de hardware oferecem a maior segurança, seguidas por carteiras de software. Carteiras de papel e web são comparativamente menos seguras, destacando a importância de escolher a carteira certa com base nas necessidades de segurança individuais.

Conselhos concretos

- Monitore o desenvolvimento de novos mecanismos de consenso além do Proof-of-Work, para avaliar seu potencial para transações mais rápidas e energeticamente eficientes.
- Simule o processo de uma transação em uma rede de teste, para acompanhar de forma prática as etapas desde a criação até a confirmação.
- Compare a arquitetura de diferentes blockchains, como Bitcoin e Ethereum, em relação à sua escalabilidade e velocidade de transação.
- Desenvolva um pequeno programa que ilustre o funcionamento de funções hash, fazendo alterações mínimas em um texto e observando os valores hash resultantes.
- Analise o código-fonte de uma carteira de código aberto, para entender em detalhes os procedimentos criptográficos e mecanismos de segurança.
- Pesquise o funcionamento das árvores de Merkle, para compreender como elas possibilitam a verificação eficiente da integridade dos dados na blockchain.
- Visite fóruns online e comunidades de desenvolvedores, para se informar sobre vulnerabilidades de segurança atuais e melhores práticas no manejo de chaves privadas.
- Experimente diferentes tipos de carteiras, para conhecer suas vantagens e desvantagens na prática e encontrar a solução que melhor atenda às suas necessidades.

1. 2 Mecanismos de Mercado

Os preços das criptomoedas surgem da complexa interação entre oferta, demanda, psicologia e fatores externos. A quantidade total limitada de Bitcoin, por exemplo, gera uma escassez natural, enquanto notícias, redes sociais e o sentimento geral do mercado influenciam a demanda. Fatores adicionais, como investimentos institucionais, volume de negociação e a interconexão com os mercados financeiros tradicionais, contribuem para a dinâmica de preços. A capitalização de mercado, calculada a partir do produto do preço e da quantidade em circulação, serve como um indicador do tamanho e da importância de uma criptomoeda. Ela fornece informações sobre a consolidação e a potencial estabilidade, sendo que uma alta capitalização de mercado geralmente está associada a uma menor volatilidade. Compreender esses mecanismos de mercado é fundamental para tomar decisões de investimento informadas e aproveitar ao máximo as oportunidades e riscos do mercado de criptomoedas.

O mercado de criptomoedas é influenciado não apenas pela oferta e demanda, mas também pela psicologia, notícias, sentimento de mercado, indicadores técnicos, desenvolvimentos macroeconômicos e atividades especulativas.

Oferta e Demanda

O preço de uma criptomoeda resulta da interação entre oferta e demanda. A oferta do Bitcoin é limitada pela quantidade máxima de 21 milhões de unidades [s1]. Este teto não pode ser ultrapassado, independentemente da demanda. A demanda é influenciada por diversos fatores, incluindo investimentos institucionais, tendências de mercado e a situação econômica geral [s1]. Investidores institucionais que mantêm Bitcoin em seus portfólios reduzem a quantidade disponível e, assim, influenciam o preço [s1]. Uma oferta reduzida, como a resultante de estratégias de hold de longo prazo, pode levar a um aumento de preço, pois a demanda encontra uma oferta limitada [s1]. Um exemplo disso é a escassez deliberada da oferta por grandes investidores que mantêm suas participações a longo prazo, podendo assim influenciar o preço. Além da escassez fundamental, fatores psicológicos e notícias externas também desempenham um papel na formação de preços [s2]. Notícias negativas tendem a ter um impacto mais forte na volatilidade de preços do que as positivas. A curto prazo, atividades especulativas e manipulações de mercado podem levar a bolhas de preço [s2]. Embora exista uma correlação positiva entre preço e volume de negociação, o volume de negociação em fases extremas do mercado não é um indicador confiável para futuras evoluções de preços [s2]. A dinâmica dos preços das criptomoedas resulta da interação entre fatores fundamentais e especulativos [s3]. Atividades on-chain e fatores econômicos influenciam os componentes fundamentais, enquanto a atenção dos investidores e atividades off-chain determinam os componentes especulativos [s3]. Os mercados de criptomoedas não estão isolados dos mercados financeiros tradicionais. A formação de preços é influenciada de ambos os lados pelos desenvolvimentos no mercado de ações [s3]. A crescente adoção institucional de criptomoedas e sua integração em portfólios tradicionais sublinham essa interconexão.

Bom saber

Adoção Institucional

A adoção institucional descreve a crescente aceitação e integração de criptomoedas por investidores institucionais, como bancos, fundos e gestores de ativos, em seus portfólios e modelos de negócios.

Atividades Especulativas

Atividades especulativas no mercado de criptomoedas referem-se à compra e venda de criptomoedas com o objetivo de lucrar com flutuações de preços de curto prazo, sem considerar o valor subjacente do ativo.

Atividades Off-Chain

Atividades off-chain ocorrem fora da blockchain e incluem, por exemplo, transações em exchanges centralizadas ou negócios de balcão (OTC). Essas atividades não são visíveis diretamente na blockchain.

Investidores Institucionais

Investidores institucionais, como fundos ou gestores de ativos, podem influenciar o mercado por meio de grandes investimentos em criptomoedas. Suas compras e vendas podem ter um impacto significativo na oferta e demanda e, portanto, no preço.

Oferta e Demanda

O princípio de oferta e demanda determina o preço de criptomoedas como o Bitcoin. Uma alta oferta com baixa demanda reduz o preço, enquanto uma alta demanda com baixa oferta aumenta o preço.

Exemplo de Flutuação do Preço do Bitcoin

Flutuação ilustrativa do preço do Bitcoin ao longo do tempo.

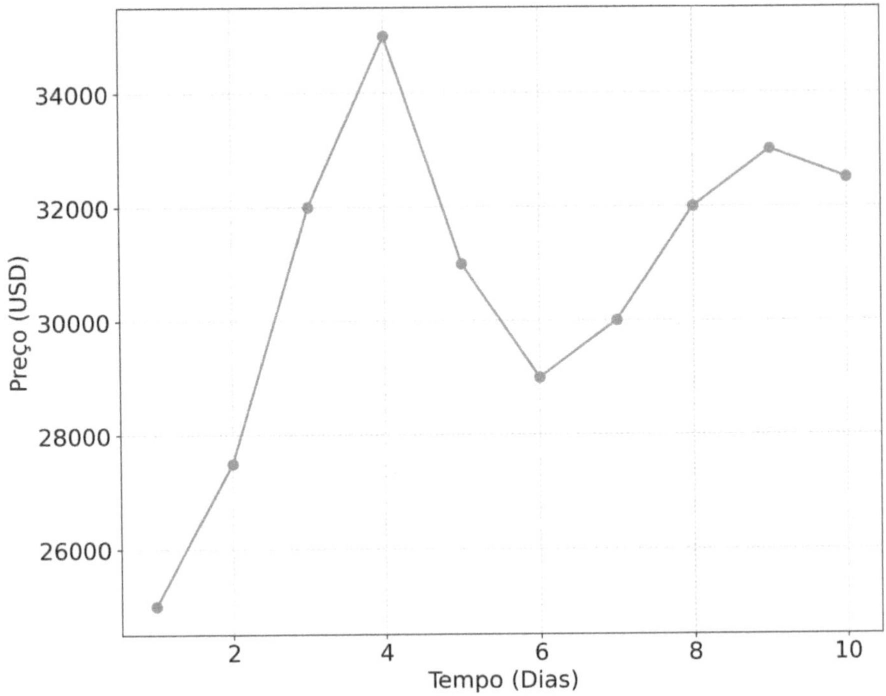

Este gráfico mostra uma tendência hipotética do preço do Bitcoin, demonstrando a volatilidade frequentemente observada. O aumento inicial sugere uma forte demanda seguida por um período de correção e estabilização. Embora este padrão específico seja fictício, ele reflete a natureza dinâmica dos mercados de criptomoedas, influenciada por vários fatores como notícias, regulamentações e sentimento do mercado. Prever movimentos futuros de preços com base apenas em dados históricos não é confiável, enfatizando a natureza de alto risco e alta recompensa dos investimentos em criptomoedas.

Formação de Preços

A formação de preços em criptomoedas como o Bitcoin é um jogo complexo de influências diversas que vai além da simples relação entre oferta e demanda. Embora a quantidade total limitada de Bitcoin de 21 milhões de unidades crie uma escassez natural de oferta, a disponibilidade real no mercado é modulada pelo comportamento dos participantes do mercado. Por exemplo, estratégias de hold a longo prazo de grandes investidores, o chamado "Hodln", podem reduzir a circulação disponível e, assim, influenciar o preço. Além dessa relação entre oferta e circulação, outros fatores também afetam a formação de preços. A percepção do ativo pelos participantes do mercado, influenciada por notícias, redes sociais e o sentimento geral do mercado, desempenha um papel crucial. Coberturas negativas podem levar à insegurança e a um aumento nas atividades de venda, enquanto notícias positivas podem fortalecer a confiança dos investidores e impulsionar a demanda. Portanto, um investidor prudente deve examinar criticamente várias fontes de informação para tomar decisões independentes e fundamentadas, em vez de reagir cegamente a flutuações de mercado de curto prazo. Além da presença midiática, indicadores técnicos também influenciam a evolução dos preços. O handelsvolumen, ou seja, a quantidade negociada de uma criptomoeda dentro de um determinado período, pode fornecer indícios sobre a atividade do mercado. Um alto volume de negociação com preço em alta frequentemente indica uma forte tendência de alta. No entanto, um alto volume com preço em queda também pode indicar vendas em pânico. Portanto, é aconselhável interpretar o volume de negociação no contexto de outros sinais de mercado, como o desenvolvimento do livro de ordens. A interconexão dos mercados de criptomoedas com os mercados financeiros tradicionais representa outro fator de influência. Desenvolvimentos macroeconômicos, como mudanças nas taxas de juros ou inflação, podem afetar a disposição ao risco dos investidores e, assim, influenciar a demanda por criptomoedas. Além disso, a crescente integração das criptomoedas em portfólios institucionais intensifica essa interação. Portanto, os investidores devem diversificar seu portfólio e acompanhar os desenvolvimentos nos mercados financeiros tradicionais para identificar riscos e oportunidades potenciais precocemente. Finalmente, atividades especulativas e manipulações de mercado, como cenários de "Pump and Dump", também desempenham um papel. Nesse caso, o preço de uma criptomoeda é artificialmente elevado para, em seguida, ser vendido com lucro, causando uma queda de preço. Para se proteger contra tais manipulações, é essencial informar-se sobre o funcionamento do mercado e recorrer a fontes de informação confiáveis. Uma pesquisa minuciosa e uma avaliação crítica das informações disponíveis são essenciais para um investimento bem-sucedido no mercado de criptomoedas.

Bom saber

Diversificar

A distribuição de investimentos em diferentes classes de ativos para minimizar o risco. No contexto das criptomoedas, isso significa investir em várias criptomoedas, em vez de apostar apenas em uma.

Livro de Ordens

Uma lista de todas as ordens de compra e venda para uma determinada criptomoeda em uma bolsa. Mostra as ofertas e demandas atuais para a criptomoeda, organizadas por preço e quantidade. O livro de ordens fornece informações sobre a profundidade do mercado atual e o potencial interesse de compra e venda.

Portfólio

A totalidade de todos os investimentos em criptomoedas de um investidor. Um portfólio diversificado contém várias criptomoedas para espalhar o risco.

Pump and Dump

Uma forma de manipulação de mercado em que o preço de uma criptomoeda é artificialmente elevado ("Pump") para, em seguida, vender grandes quantidades da criptomoeda com lucro ("Dump"), resultando em uma queda de preço. Muitas vezes, redes sociais ou outros canais são utilizados para gerar um hype artificial.

Discrepâncias de Preço do Bitcoin entre Câmbios

Diferenças de preço ilustrativas para BTC em vários câmbios.

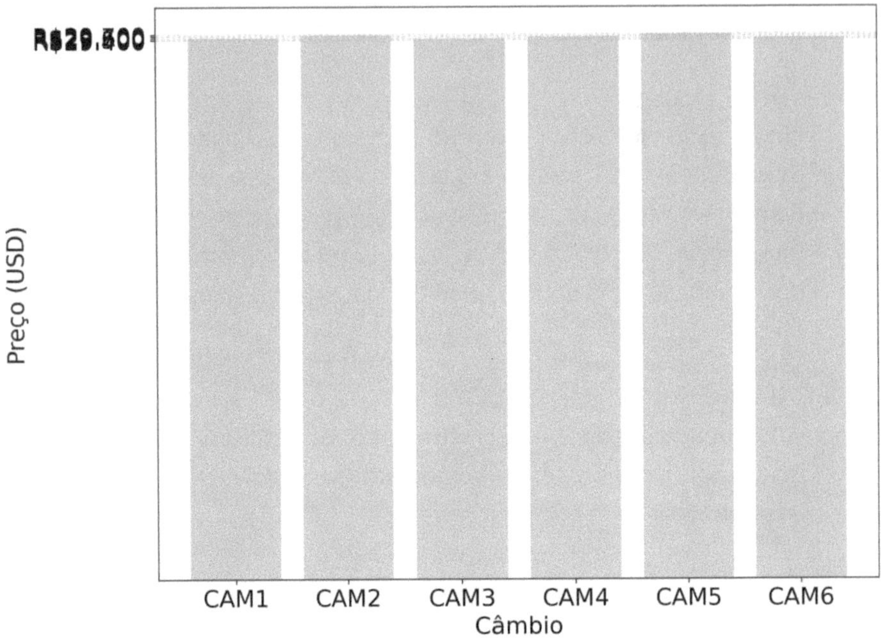

CAM1: Câmbio A

CAM2: Câmbio B

CAM3: Câmbio C

CAM4: Câmbio D

CAM5: Câmbio E

CAM6: Câmbio F

Este gráfico destaca o potencial para oportunidades de arbitragem devido a variações de preço entre diferentes câmbios de criptomoedas. Os negociantes podem potencialmente comprar BTC em câmbios com preços mais baixos e vender naqueles com preços mais altos, lucrando com o spread. No entanto, fatores como taxas de transação, limites de retirada e volatilidade do mercado podem impactar a lucratividade real de tal arbitragem.

Capitalização de Mercado

A capitalização de mercado indica o valor total de todas as unidades em circulação de uma criptomoeda e é calculada a partir do produto do preço de mercado atual e da quantidade em circulação. Serve como um indicador do tamanho e da importância de uma criptomoeda em comparação com outras. Uma alta capitalização de mercado sugere uma criptomoeda mais estabelecida e potencialmente mais estável, enquanto uma baixa capitalização de mercado geralmente está associada a maior volatilidade e risco. Mudanças na capitalização de mercado refletem o desenvolvimento da oferta e da demanda. Por exemplo, se a demanda aumenta com a oferta constante, tanto o preço quanto a capitalização de mercado aumentam. Inversamente, um preço em queda com oferta constante pode indicar uma diminuição da demanda e levar a uma redução da capitalização de mercado. [s4] A quantidade em circulação também pode influenciar a capitalização de mercado. A emissão de novas moedas ou a "queima" – ou seja, a destruição intencional – de moedas existentes pode alterar a capitalização de mercado, mesmo que o preço permaneça constante. Portanto, é aconselhável que os investidores considerem a capitalização de mercado em conjunto com outros indicadores, como o volume de negociação e a volatilidade, para obter uma visão abrangente da criptomoeda em questão. A análise dos mecanismos de mercado de stablecoins, que estão atreladas a um valor externo, destaca a importância de distinguir entre mercados primários e mercados secundários. Enquanto o comércio em mercados secundários influencia a estabilidade de preços a curto prazo, a estrutura e o funcionamento do mercado primário, onde as stablecoins são emitidas e garantidas, determinam a estabilidade a longo prazo e o comportamento das stablecoins, especialmente em tempos de crise. [s4] Portanto, um investidor prudente deve considerar não apenas a capitalização de

mercado e o preço no mercado secundário, mas também os mecanismos e a estabilidade do mercado primário.

Bom saber

Capitalização de Mercado

A capitalização de mercado de uma criptomoeda ajuda a avaliar seu tamanho e influência no mercado. É calculada multiplicando o número de moedas disponíveis pelo preço de mercado atual. O Bitcoin, como a maior criptomoeda, frequentemente tem uma capitalização de mercado maior do que outras criptomoedas menores.

Mercado Secundário

No mercado secundário, criptomoedas já em circulação são negociadas entre investidores. Exchanges como Binance ou Coinbase são exemplos de mercados secundários. Aqui, o preço é determinado pela oferta e demanda e está sujeito a flutuações de curto prazo.

Volatilidade

A volatilidade refere-se à amplitude de flutuação do preço de uma criptomoeda. Alta volatilidade significa que o preço pode subir ou descer rapidamente e de forma acentuada, o que traz tanto oportunidades quanto riscos para os investidores. O Bitcoin é conhecido por sua volatilidade de preços, que, ao longo do tempo, tende a ter diminuído.

Distribuição da Capitalização de Mercado de Criptomoedas

Distribuição da capitalização de mercado entre as principais criptomoedas.

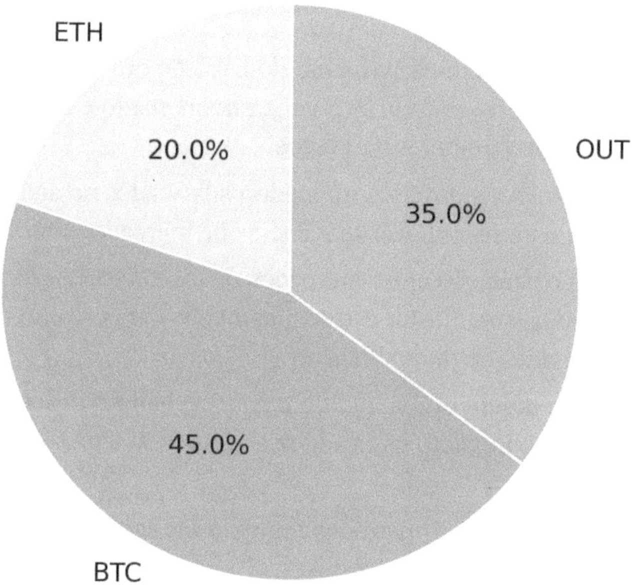

- BTC: Bitcoin
- ETH: Ethereum
- OUT: Outras Altcoins

O domínio do Bitcoin é claramente visível, indicando sua influência significativa no mercado. Enquanto o Ethereum detém uma participação substancial, as altcoins restantes, embora numerosas, representam uma porção menor do mercado geral. Isso sugere um mercado concentrado, com poucos participantes importantes detendo valor significativo.

Conselhos concretos

- Observe a relação entre detentores de longo prazo e especuladores de curto prazo para identificar tendências no mercado de forma antecipada.
- Identifique participantes de mercado dominantes e analise seu comportamento de negociação para avaliar sua influência na formação de preços.
- Acompanhe o desenvolvimento do livro de ordens para avaliar a atual disposição de compra e venda no mercado e antecipar potenciais movimentos de preços.
- Desenvolva seus próprios indicadores baseados na análise de dados on-chain para reconhecer tendências de mercado precocemente.
- Utilize a correlação entre mercados de criptomoedas e mercados tradicionais para ajustar estrategicamente seu portfólio e aproveitar oportunidades de diversificação.
- Observe o desenvolvimento de novas exchanges descentralizadas (DEX) e seu impacto na liquidez do mercado e na formação de preços.
- Analise os efeitos de medidas regulatórias sobre a evolução dos preços de várias criptomoedas.
- Pesquise a tokenomics de novos projetos para avaliar seu potencial de valorização a longo prazo e mercado.
- Desenvolva uma compreensão da psicologia dos mercados para evitar decisões emocionais erradas e seguir estratégias de investimento racionais.
- Acompanhe o desenvolvimento de protocolos de finanças descentralizadas (DeFi) e seu impacto nos mercados financeiros tradicionais.
- Observe as inovações na tecnologia blockchain e seu potencial impacto no futuro dos mercados de criptomoedas.

1. 3 Aspectos de Segurança

O manuseio seguro de criptomoedas requer uma compreensão profunda dos mecanismos de segurança subjacentes. Chaves privadas, autenticação de dois fatores e backup de dados formam os pilares para a proteção de seu patrimônio digital. Este capítulo ilumina os desafios associados e as possíveis vulnerabilidades que podem abrir portas para atacantes. Perda, roubo e fraude são perigos reais no universo cripto. A combinação correta de medidas de segurança minimiza esses riscos e permite que você mantenha o controle sobre seus valores digitais. Prepare-se para dominar os aspectos essenciais de segurança e proteger suas criptomoedas de forma eficaz.

A segurança de suas criptomoedas depende principalmente de uma abordagem de segurança em várias camadas, que inclui o armazenamento seguro de chaves privadas, o uso da autenticação de dois fatores e a criação e verificação regulares de backups.

Chaves Privadas

A chave privada é o código secreto que permite o acesso às suas criptomoedas. Funciona como a chave do seu cofre bancário. Somente quem possui essa chave pode controlar e gerenciar os valores contidos nele. Se você a perder, sua fortuna estará irremediavelmente perdida. Se você a compartilhar com pessoas não autorizadas, corre o risco de ter suas criptomoedas roubadas. Portanto, a segurança da sua chave privada é a tarefa mais importante ao lidar com criptomoedas. As chaves privadas são geradas por meio de métodos criptográficos e consistem em uma longa sequência de letras e números. Essa sequência aparentemente aleatória está matematicamente vinculada ao seu endereço público, que você usa para receber criptomoedas. É comparável a uma caixa de correio: seu endereço público é o endereço da caixa de correio, qualquer um pode vê-lo e depositar cartas (criptomoedas). A chave privada é a chave da caixa de correio, somente com ela você pode retirar as cartas. A segurança da sua chave privada depende em grande parte do método de armazenamento escolhido. Diferentes métodos oferecem diferentes níveis de segurança e atendem a diferentes necessidades. Basicamente, distingue-se entre armazenamento digital e analógico. Os métodos de armazenamento digital incluem carteiras de software, carteiras de hardware e carteiras online. As carteiras de software armazenam sua chave privada em seu computador ou smartphone. As carteiras de hardware são dispositivos separados, projetados especificamente para o armazenamento seguro de chaves privadas. As carteiras online armazenam suas chaves nos servidores de terceiros. Cada um desses métodos tem suas vantagens e desvantagens em termos de segurança, conforto e facilidade de uso. Uma carteira de hardware oferece a maior segurança, mas requer um certo tempo de adaptação e envolve custos adicionais. Uma carteira online é conveniente de usar, mas apresenta o risco de que suas chaves sejam perdidas devido a um ataque hacker ou à falência do provedor. Os métodos de armazenamento analógico incluem anotar a chave privada em papel ou gravá-la em metal. Esses métodos oferecem proteção contra ataques hackers, mas são suscetíveis a perdas devido a incêndios, água ou roubo. Se as chaves privadas forem anotadas em papel, isso deve ser feito de forma redundante e em diferentes locais seguros. O uso de cofres à prova de fogo e à prova d'água ou de caixas de segurança em bancos pode oferecer proteção adicional. Um aspecto importante da segurança das chaves é evitar ataques de phishing. Criminosos tentam obter suas chaves privadas por meio de sites ou e-mails falsificados. Portanto, desconfie de e-mails ou mensagens não solicitadas que o incentivem a inserir suas chaves. Sempre verifique a URL do site em que você está e nunca insira suas chaves privadas em um site cuja autenticidade você não pode verificar de forma inequívoca. Outro ponto importante é a segurança de suas chaves privadas por meio de backups. Se você perder ou danificar seu meio de armazenamento, poderá restaurar suas criptomoedas com um backup. Um backup deve ser armazenado em um local seguro e separado da chave original. Você pode, por exemplo, armazenar seu backup em um pen drive criptografado e mantê-lo em uma caixa de segurança no banco. É importante que você teste o procedimento de recuperação com antecedência para garantir que, em caso de emergência, você tenha acesso às suas criptomoedas. A escolha do método de armazenamento correto e a implementação de medidas de segurança são cruciais para a proteção de suas criptomoedas. Informe-se detalhadamente sobre as diferentes opções e escolha o método que melhor se adapta às suas necessidades individuais e à sua compreensão de segurança. O controle sobre suas chaves privadas é a base para a gestão segura de seus ativos digitais.

Bom saber

Hacker

Acesso não autorizado a sistemas ou redes de computadores com o objetivo de roubar dados ou manipular sistemas. Um grande risco para carteiras online.

Carteira de Hardware

Dispositivos físicos projetados especificamente para o armazenamento seguro de chaves privadas. Consideradas o método mais seguro para armazenar criptomoedas.

Carteira de Software

Programas instalados em computadores ou smartphones que armazenam as chaves privadas digitalmente. Oferecem um bom compromisso entre segurança e facilidade de uso.

Carteira Online

Serviços baseados na web que armazenam as chaves privadas nos servidores de terceiros. Oferecem alta conveniência, mas também apresentam um risco de segurança.

Criptografia

Métodos matemáticos utilizados para criptografar e proteger informações, formando a base da segurança das criptomoedas.

Phishing

Tentativa de fraude em que criminosos tentam obter dados confidenciais, como chaves privadas, por meio de sites ou e-mails falsificados.

Distribuição de Métodos de Segurança de Chave Privada

Distribuição de práticas comuns de segurança de chave privada.

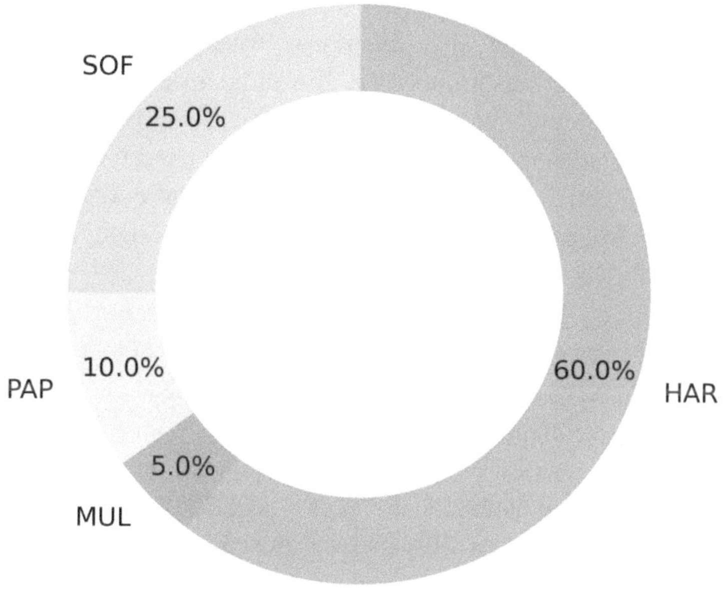

HAR: Carteira de Hardware

MUL: Carteira Multi-Assinatura

PAP: Carteira de Papel

SOF: Carteira de Software

Carteiras de hardware representam uma porção significativa dos métodos de segurança empregados, destacando sua popularidade para armazenamento seguro. Enquanto carteiras de software e carteiras de papel ainda detêm uma parcela, o domínio das carteiras de hardware enfatiza a crescente conscientização e adoção de medidas de segurança robustas entre os usuários de criptomoedas. O uso de carteiras multi-assinatura, embora menor, indica uma compreensão crescente de protocolos de segurança avançados.

Autenticação de Dois Fatores

A autenticação de dois fatores (2FA) complementa a proteção por chaves privadas com uma camada adicional de segurança. Este método exige, além do primeiro fator de autenticação - geralmente uma senha ou chave privada - uma segunda confirmação independente da identidade. O segundo fator baseia-se em algo que apenas o usuário legítimo possui ou conhece. As formas mais comuns de 2FA utilizam códigos de uso único baseados em tempo, que são gerados a cada 30 segundos. Esses códigos são gerados por um algoritmo que se baseia em um segredo compartilhado entre a plataforma de criptomoeda e o dispositivo de autenticação. Aplicativos de autenticação como Google Authenticator, Authy ou YubiKey geram esses códigos diretamente no smartphone ou em um token de hardware específico. Ao configurar a 2FA em uma exchange de criptomoedas ou plataforma de wallet, um código QR ou uma chave de segurança é exibido. Após escanear o código com o aplicativo de autenticação, você deve inserir o código atual em cada login ou em transações críticas. Mesmo que um invasor consiga sua senha, o acesso permanece negado sem o segundo fator. A proteção dos códigos de recuperação da 2FA merece atenção especial. Esses códigos de backup permitem o acesso à conta caso o dispositivo de autenticação seja perdido ou danificado. Guarde esses códigos separadamente do seu dispositivo principal - seja em papel em um cofre ou digitalmente criptografados em um dispositivo separado.

Diferentes métodos de 2FA oferecem diferentes níveis de segurança:
- 2FA baseada em SMS: vulnerável a ataques de troca de SIM
- 2FA baseada em aplicativo: maior segurança através da geração local de códigos

Token de hardware [i5]

- Token de hardware: segurança máxima através da separação física

A implementação da 2FA deve ser feita de forma sistemática. Ative primeiro a 2FA para sua conta de e-mail, pois esta frequentemente serve como opção de backup para outros serviços. Em seguida, implemente a 2FA para suas exchanges de criptomoedas e serviços de wallet. Teste o processo de recuperação antes de gerenciar quantias maiores. A combinação de uma chave privada bem guardada e 2FA cria um sistema de segurança robusto. A chave privada controla o acesso às suas criptomoedas, enquanto a 2FA protege o acesso a plataformas de negociação e wallets online. Esta arquitetura de segurança em múltiplas camadas dificulta significativamente a invasão por parte de atacantes. Aplicativos modernos de autenticação oferecem funcionalidades adicionais, como backups em nuvem criptografados ou sincronização entre vários dispositivos. No entanto, essas funcionalidades de conveniência também apresentam riscos. Backups em nuvem podem ser comprometidos, e a sincronização abre novos vetores de ataque. Avalie cuidadosamente entre usabilidade e segurança. A verificação regular das suas configurações de 2FA faz parte da higiene digital. Remova links de 2FA que não são mais utilizados, atualize seus aplicativos de autenticação e revise as opções de backup registradas.

Documente seus processos de configuração de 2FA para emergências, para que pessoas autorizadas possam acessar seus ativos digitais em caso de necessidade.

Troca de SIM

Um método de fraude em que criminosos obtêm controle sobre o cartão SIM de uma vítima para acessar suas contas online e informações financeiras, incluindo criptomoedas.

Backup em Nuvem

Um método de backup de dados em que os dados são armazenados em um servidor remoto. Embora isso possa permitir o acesso a dados de diferentes dispositivos, também apresenta riscos de segurança se o provedor de nuvem for comprometido.

Código de Uso Único

Códigos que são válidos apenas uma vez e podem ser usados por um curto período para fazer login em uma conta ou confirmar uma transação. Eles oferecem segurança adicional, pois se tornam inválidos após o uso.

Token de Hardware

Um pequeno dispositivo físico que gera senhas de uso único e é utilizado como segundo fator para autenticação. Oferece maior segurança do que métodos de 2FA baseados em software.

Vetor de Ataque

Um método ou caminho que um invasor pode usar para comprometer um sistema ou rede. A sincronização de dados entre vários dispositivos pode abrir novos vetores de ataque, pois cada dispositivo representa uma possível porta de entrada para invasores.

Comparação de Segurança do Método 2FA

Níveis de segurança de diferentes métodos 2FA.

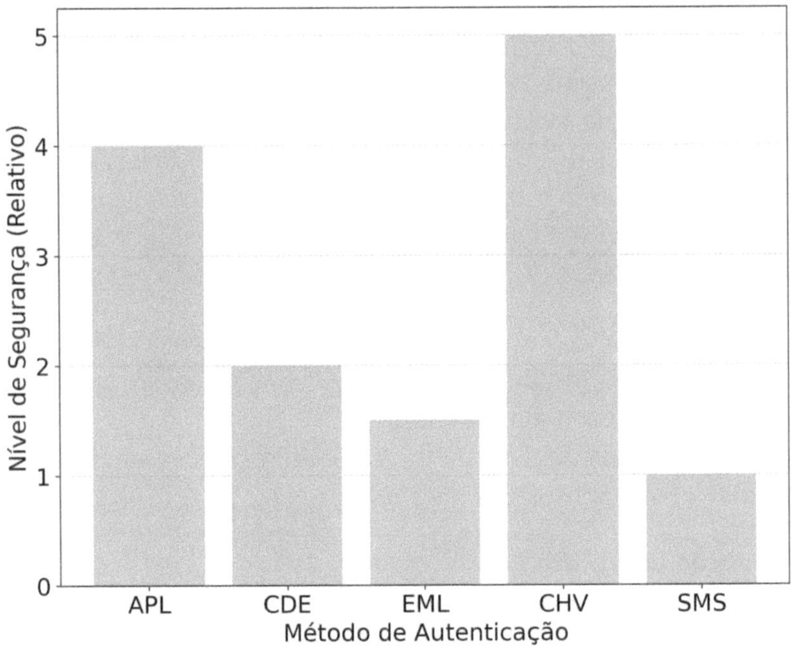

APL: Aplicativo Autenticador

CDE: Códigos de Backup

CHV: Chave de Hardware

EML: Verificação de Email

SMS: Mensagem SMS

A 2FA baseada em SMS, embora conveniente, oferece a menor segurança devido a vulnerabilidades como a troca de SIM. Os aplicativos autenticadores fornecem um nível de segurança significativamente maior, enquanto as chaves de hardware representam a opção mais segura devido à sua natureza física e resistência a ataques de phishing. Embora os códigos de backup ofereçam uma opção de recuperação, sua natureza offline inerente os torna menos seguros do que soluções baseadas em aplicativos ou hardware.

Backup de Dados

O backup de dados protege suas criptomoedas contra perdas devido a falhas técnicas, erro humano ou ataques. Um backup de sua carteira e dos dados associados permite a recuperação de seu patrimônio cripto. Diferentes estratégias de backup oferecem vários níveis de segurança e conforto. Um procedimento comum é o backup da seed_phrase, uma sequência de 12, 18 ou 24 palavras que codifica todas as informações de sua carteira. Anote essa sequência de palavras offline, por exemplo, à mão em papel ou usando um gravador em metal. Várias cópias, armazenadas em locais diferentes – como cofres de banco ou com membros da família de confiança – minimizam o risco de perda. Certifique-se de proteger essas informações contra acesso não autorizado, umidade e fogo. Um cofre de banco oferece uma boa proteção, enquanto um simples papel na carteira apresenta um alto risco. As softwarewallets geralmente oferecem uma função de backup que gera um arquivo com todos os dados da carteira. Armazene esse arquivo de forma criptografada em um dispositivo externo que não esteja permanentemente conectado à Internet. Um pen drive guardado em um cofre é uma solução viável. Certifique-se de que o dispositivo em si esteja protegido contra danos. Backups regulares, como mensalmente ou após cada transação maior, garantem que, em caso de perda, as perdas sejam mínimas. As hardwarewallets geram, durante a configuração, uma Recovery Phrase, semelhante à Seed Phrase das carteiras de software. Armazene essa frase de forma segura e analógica. Algumas carteiras de hardware oferecem funções de segurança adicionais, como um PIN ou Passphrase. Documente essas informações cuidadosamente e mantenha-as separadas da Recovery Phrase. Os backups baseados em nuvem oferecem conforto, mas também apresentam riscos. Escolha um provedor confiável com forte criptografia e zweifaktorauthentifizierung. Verifique regularmente as políticas de segurança do provedor e ative todas as opções de segurança disponíveis. Teste a recuperação do backup regularmente para garantir que você tenha acesso às suas criptomoedas em caso de emergência. Apenas um backup testado com sucesso garante a recuperação de seu patrimônio.

Atualize seus backups regularmente, especialmente após transações maiores ou alterações em sua carteira. Um backup desatualizado pode ser inútil em uma emergência. A combinação de diferentes métodos de backup maximiza a segurança. Por exemplo, você pode armazenar sua Seed Phrase offline e, adicionalmente, criar um backup criptografado do arquivo da sua carteira em um dispositivo externo. Uma cópia adicional da Seed Phrase em um local separado e seguro oferece redundância adicional. O planejamento e a implementação cuidadosos de sua estratégia de backup são fundamentais para a segurança de suas criptomoedas. Invista tempo e esforço na escolha dos métodos adequados e na realização regular dos backups. Somente assim você garantirá a proteção a longo prazo de seu patrimônio digital. O backup de seus dados é uma tarefa contínua que requer atenção regular. Integre a criação e verificação de backups em suas rotinas para garantir a segurança de suas criptomoedas de forma sustentável. Um backup bem planejado e realizado regularmente é o melhor seguro contra a perda de seus valores digitais.

Cofre bancário [i6]

Backups Baseados em Nuvem

Cópias de segurança armazenadas em um serviço de armazenamento online. Elas oferecem conforto, mas também apresentam o risco de perda ou roubo de dados se o provedor for comprometido.

Backup

Uma cópia de segurança dos dados da carteira que permite a recuperação das criptomoedas em caso de perda ou defeito.

Offline

Não conectado à Internet. No contexto de criptomoedas, isso significa armazenar dados em um local que não é acessível pela Internet, a fim de minimizar o risco de ataques de hackers.

Passphrase

Uma senha mais longa que, em combinação com a Seed Phrase ou Recovery Phrase, aumenta a segurança da carteira.

Recovery Phrase

Semelhante à Seed Phrase, serve para a recuperação de uma carteira de hardware. Deve ser armazenada de forma segura e offline.

Confiabilidade do Backup

Comparação da confiabilidade do método de backup para carteiras de criptomoedas.

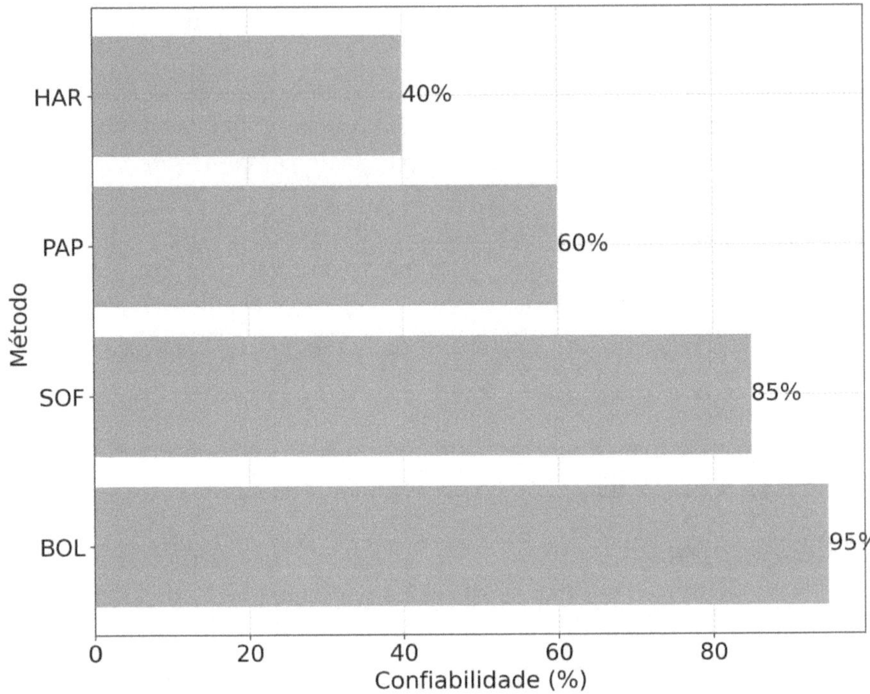

BOL: Carteira de Corretora

PAP: Carteira de Papel

HAR: Carteira de Hardware

SOF: Carteira de Software

Carteiras de hardware demonstram a maior confiabilidade, seguidas por carteiras de papel. Carteiras de software e de corretora exibem menor confiabilidade, destacando a importância de escolher métodos de backup apropriados para armazenamento seguro de criptomoedas.

Conselhos concretos

- Crie um protocolo de segurança pessoal para suas criptomoedas e atualize-o regularmente.
- Armazene sua frase-semente como um arquivo de áudio criptografado e distribua-o em vários dispositivos seguros.
- Utilize um gerenciador de senhas otimizado especificamente para chaves criptográficas e que possa ser usado offline.
- Crie uma carteira de engano com quantias pequenas para proteger seus ativos principais em caso de acesso forçado.
- Estabeleça um protocolo de emergência com uma pessoa de confiança para o acesso às suas criptomoedas em caso de incapacidade.
- Verifique regularmente o firmware de suas carteiras de hardware em busca de atualizações e vulnerabilidades.
- Treine a recuperação de suas carteiras a partir de backups regularmente, para que possa reagir rápida e seguramente em situações críticas.
- Utilize um sistema isolado para transações especialmente sensíveis, como um computador que nunca foi conectado à internet.
- Segmentar seus ativos em diferentes carteiras para minimizar o risco de perda total.
- Armazene informações importantes sobre suas criptomoedas de forma criptografada com um notário ou advogado.
- Desenvolva um sistema de somas de verificação para suas chaves privadas e frases-semente, a fim de detectar manipulações precocemente.
- Informe-se sobre as condições legais para criptomoedas em seu país e documente seus ativos de acordo.

Revisão - 1. Fundamentos das Criptomoedas

Compreender o mundo das criptomoedas começa com os fundamentos. A blockchain, o registro descentralizado de transações, forma a base. Imagine um livro-caixa digital mantido por muitos computadores ao redor do mundo, cujas entradas são imutáveis. Essa descentralização aumenta a segurança e a transparência, pois nenhuma instituição única detém o controle. Como um futuro usuário de criptomoedas, você deve se familiarizar com os diferentes tipos de blockchain e suas características específicas, como escalabilidade e velocidade de transação. Pesquise a tecnologia subjacente de vários projetos para avaliar melhor seu potencial e riscos.

Redes descentralizadas, que são o coração das criptomoedas, permitem transações peer-to-peer, ou seja, a troca direta de valores sem intermediários. Isso reduz os custos de transação e aumenta a velocidade. No entanto, é importante notar que a descentralização também traz desafios. O mecanismo de consenso, que garante a concordância de todos os participantes na rede, é crucial para a segurança e eficiência. Informe-se sobre os diferentes mecanismos de consenso, como Proof-of-Work ou Proof-of-Stake, e suas respectivas vantagens e desvantagens, especialmente em relação ao consumo de energia e escalabilidade. Compare as taxas e velocidades de transação de diferentes criptomoedas para encontrar a solução ideal para suas necessidades.

O armazenamento seguro de suas criptomoedas requer uma carteira digital, chamada de wallet. As wallets vêm em várias formas, desde wallets de software em seu computador até wallets de hardware que armazenam suas chaves privadas offline. A escolha da wallet certa depende de suas necessidades de segurança individuais e de sua experiência. Para iniciantes, wallets de software fáceis de usar são adequadas, enquanto usuários experientes e investidores com quantias maiores devem preferir wallets de hardware. Independentemente da escolha da sua wallet, proteger suas chaves privadas e sua frase-semente é de extrema importância. Armazene essas informações offline em vários locais seguros para manter o acesso às suas criptomoedas em caso de perda ou roubo de seus dispositivos. Em qualquer caso, ative a autenticação de dois fatores para garantir uma proteção adicional contra acessos não autorizados. Esteja sempre atento a tentativas de phishing e nunca compartilhe suas chaves privadas em sites inseguros ou com terceiros desconhecidos.

A formação de preços das criptomoedas é influenciada pela complexa interação entre oferta e demanda, sentimento de mercado, desenvolvimentos técnicos e fatores macroeconômicos. A quantidade total limitada de muitas criptomoedas, como o Bitcoin, contribui para a estabilidade dos preços, enquanto notícias, redes sociais e o clima econômico geral podem influenciar a demanda. Observe o volume de negociação e a capitalização de mercado para desenvolver uma melhor compreensão da dinâmica do mercado. Diversifique seu portfólio para minimizar riscos e mantenha-se informado sobre novos desenvolvimentos e tendências no mercado de criptomoedas. O mercado de criptomoedas oferece oportunidades empolgantes, mas também requer uma compreensão sólida da tecnologia subjacente e dos mecanismos de mercado.

Entrar no mundo das criptomoedas pode parecer complexo à primeira vista, mas com o conhecimento certo e as ferramentas adequadas, você pode aproveitar as oportunidades dessa tecnologia inovadora. Invista tempo em sua educação, pesquise cuidadosamente e aja com prudência. O mundo das criptomoedas está em constante evolução – mantenha-se curioso e aberto a novas ideias para descobrir todo o potencial dessa tecnologia empolgante.

2. Negociação de Criptomoedas

Diariamente, bilhões são movimentados nos mercados de criptomoedas - mas como conseguir uma entrada lucrativa nesse mercado dinâmico? Os sistemas de negociação digitais revolucionaram as regras tradicionais das bolsas de valores e abrem possibilidades completamente novas para os participantes ativos do mercado. Traders profissionais utilizam métodos sofisticados para identificar oportunidades e limitar perdas. O comércio bem-sucedido de criptomoedas baseia-se em princípios claros e decisões sistemáticas que vão muito além da simples compra e venda. Neste capítulo, revelamos os fatores decisivos que determinam lucro ou prejuízo.

2. 1 Estratégias de Negociação

As estratégias de negociação no mercado de criptomoedas determinam o sucesso ou o fracasso. Esta seção aborda as principais estratégias, desde investimentos de longo prazo até a negociação diária rápida e a diversificação de portfólio. Serão destacadas as respectivas oportunidades e riscos, apresentadas as desafios específicos e enfatizada a importância de decisões fundamentadas no volátil ambiente das criptomoedas. Descubra como desenvolver e otimizar sua estratégia individual.

Estratégias de negociação de criptomoedas bem-sucedidas, sejam de longo ou curto prazo, exigem uma compreensão profunda dos mecanismos de mercado, gestão de riscos e adaptação contínua às condições de mercado dinâmicas.

Investimento a Longo Prazo

Os investimentos a longo prazo em criptomoedas diferem das estratégias de negociação de curto prazo pelo foco no potencial de crescimento a longo prazo, em vez de explorar flutuações de preços de curto prazo. A seleção dos instrumentos de investimento é crucial. Enquanto algumas moedas digitais são consideradas uma proteção contra riscos de mercado, estudos mostram que as criptomoedas, em geral, não oferecem um porto seguro para os mercados de ações internacionais e podem até aumentar o risco de queda [s5]. Uma alocação em determinadas moedas digitais pode, em alguns casos, reduzir o risco, mas está associada a riscos adicionais e não é adequada a longo prazo como proteção contra quedas de mercado [s5]. Além disso, metais preciosos e moedas digitais não são adequados como instrumentos de proteção no mercado de ações, com assimetries negativas, especialmente em mercados em baixa, sendo observadas [s6]. A análise da relação entre investimentos financeiros deve, portanto, distinguir entre retornos positivos e negativos, especialmente em tempos de crise [s6]. Para investidores de longo prazo, a diversificação é um aspecto importante. Embora ativos digitais e fontes de energia sustentável ofereçam oportunidades de diversificação, sob condições de mercado extremas, a correlação entre eles aumenta, o que reduz a diversificação [s7]. Uma análise dinâmica das inter-relações através de diferentes quantis é, portanto, necessária para entender completamente as oportunidades de diversificação [s7]. Os investidores também devem considerar os diferentes impactos das moedas digitais em diferentes grupos de investidores [s8]. Para alguns grupos, o pooling pode ser mais vantajoso do que a diversificação, enquanto para outros o oposto é verdadeiro [s8]. Por exemplo, investidores institucionais com horizonte de investimento a longo prazo podem se beneficiar de estratégias de pooling, enquanto pequenos investidores privados devem optar pela diversificação para mitigar seu risco. A

consideração desses fatores e uma análise cuidadosa das condições de mercado são essenciais para estratégias de investimento a longo prazo no mercado de criptomoedas.

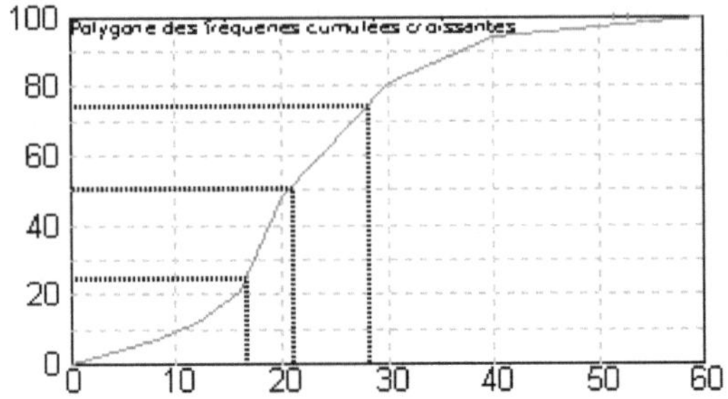

Quantil [i7]

Bom saber

Alocação

A distribuição de investimentos em diferentes classes de ativos, como Bitcoin, Ethereum ou outras criptomoedas, para diversificar o risco e otimizar o retorno.

Assimetria

Reações desiguais das criptomoedas a movimentos de mercado positivos e negativos. Por exemplo, uma criptomoeda pode reagir mais fortemente a perdas de preço do que a ganhos de preço.

Correlação

A relação estatística entre o desenvolvimento de preços de duas ou mais criptomoedas. Uma alta correlação significa que os preços se desenvolvem de maneira semelhante.

Diversificação

A distribuição do capital de investimento em várias criptomoedas para minimizar o risco de perdas devido a quedas de preço de moedas individuais.

Mercado em Baixa

Um mercado em baixa é um estado em que os preços das criptomoedas caem por um período prolongado, muitas vezes acompanhado por sentimentos de mercado pessimistas e volumes de negociação em queda.

Quantis

Intervalos que dividem um conjunto de dados em grupos de igual tamanho. Eles são usados para analisar a distribuição de retornos de criptomoedas e identificar oportunidades de diversificação.

Crescimento do Investimento em Bitcoin a Longo Prazo

Crescimento ilustrativo de um investimento hipotético em Bitcoin ao longo do tempo.

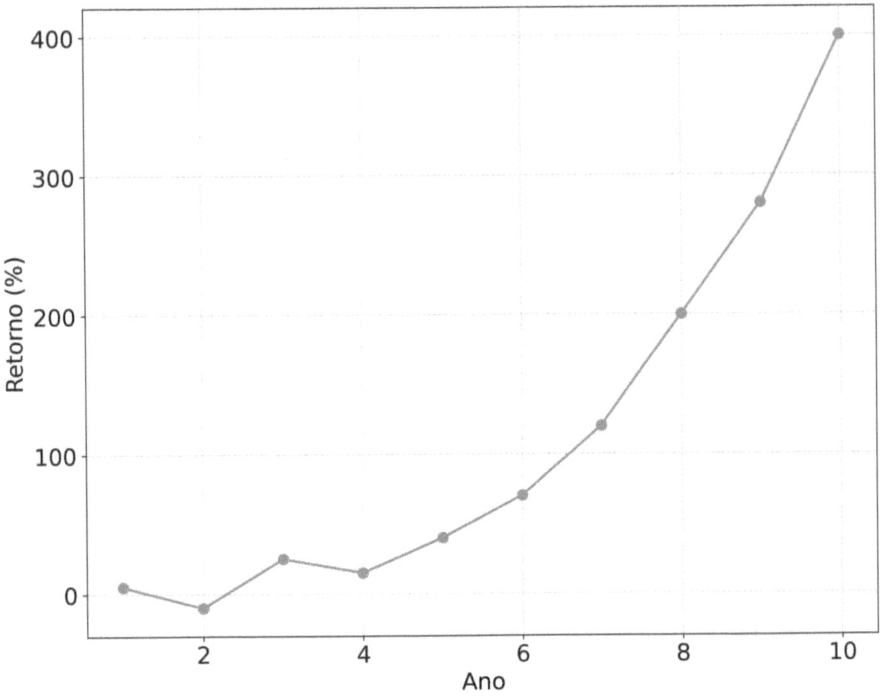

Este gráfico mostra o potencial de retornos significativos com uma estratégia de investimento em Bitcoin a longo prazo. Embora o crescimento inicial seja lento, o efeito composto leva a ganhos substanciais ao longo dos anos posteriores. Isso destaca a importância da paciência e da visão de longo prazo no investimento em criptomoedas. No entanto, é crucial lembrar que o desempenho passado não é indicativo de resultados futuros e os investimentos em criptomoedas carregam riscos inerentes.

Negociação Diária

A negociação diária com criptomoedas visa aproveitar as flutuações de preços de curto prazo dentro de um único dia. Ao contrário do investimento de longo prazo, que se concentra em um horizonte temporal mais extenso, a negociação intradiária requer monitoramento ativo dos mercados e reações rápidas às mudanças de preço. Fatores cruciais para o sucesso incluem, além de um conhecimento de mercado sólido, a escolha da plataforma de negociação correta e o uso de ferramentas de análise adequadas. Indicadores técnicos, como médias móveis ou o volume de negociação, podem ajudar a identificar tendências e potenciais pontos de entrada ou saída. A combinação de diferentes modelos, como os utilizados em métodos de ensemble de aprendizado de máquina, pode aprimorar as decisões de negociação e, assim, aumentar a rentabilidade [s9]. Um trader pode, por exemplo, utilizar um modelo de ensemble que se baseia tanto em mudanças de preços de curto prazo quanto no sentimento geral do mercado para gerar sinais de compra e venda. A gestão de riscos é essencial na negociação diária. A definição de limites de stop-loss para limitar perdas e a cuidadosa determinação do tamanho das posições são indispensáveis para proteger o capital. A negociação com produtos alavancados, que podem multiplicar ganhos e perdas, deve ser considerada apenas por traders experientes com um profundo entendimento dos riscos envolvidos. A volatilitaet do mercado de criptomoedas oferece oportunidades para altos ganhos, mas também apresenta riscos significativos de perda. Portanto, a educação contínua e a adaptação da estratégia de negociação às condições de mercado em mudança são cruciais para o sucesso a longo prazo na negociação diária.

Bom saber

Determinação do Tamanho das Posições

A decisão de quanto capital deve ser investido em uma determinada criptomoeda. É crucial para a gestão de riscos.

Indicadores Técnicos

Cálculos matemáticos baseados no preço e/ou volume de uma criptomoeda, que servem para identificar tendências, níveis de suporte e resistência, bem como potenciais pontos de reversão.

Médias Móveis

Um indicador técnico que calcula o preço médio de uma criptomoeda ao longo de um determinado período. Ele suaviza as flutuações de preço e ajuda a identificar tendências.

Negociação Intradiária

Refere-se à negociação de ativos (como criptomoedas) dentro de um único dia de negociação. As posições são abertas e fechadas no mesmo dia.

Plataforma de Negociação

Uma plataforma online que permite aos usuários comprar e vender criptomoedas. Oferece várias funcionalidades, como livros de ordens, gráficos e ferramentas de análise.

Produtos Alavancados

Instrumentos financeiros que permitem aos traders controlar posições maiores em criptomoedas com um investimento de capital menor. Eles amplificam tanto os ganhos quanto as perdas.

Estratégias de Day Trading (Cripto)

Potencial de lucro vs. risco de estratégias de day trading de criptomoedas, dimensionadas pelo volume de negociação.

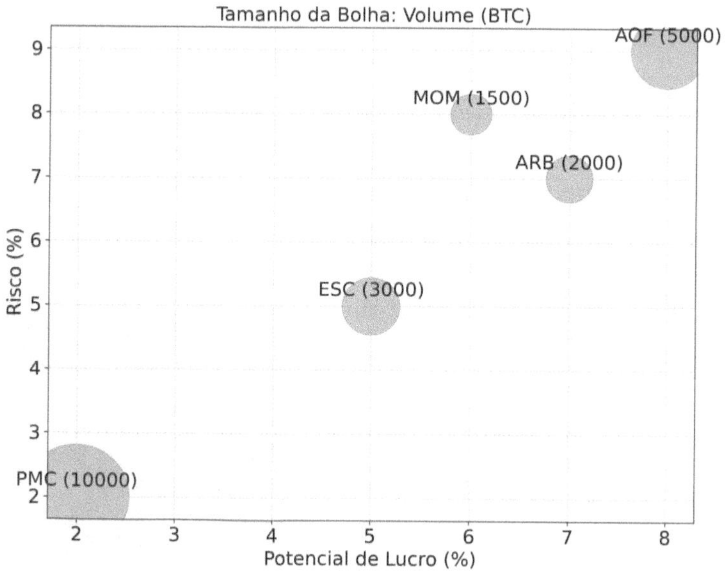

Blasengröße: Volume (BTC)

AOF: Negociação de Alta Frequência

ARB: Arbitragem

ESC: Scalping

MOM: Negociação de Momentum

PMC: Preço Médio Ponderado

A negociação de alta frequência (AOF) e a arbitragem oferecem alto potencial de lucro, mas também acarretam risco significativo. O scalping apresenta um equilíbrio entre risco e lucro moderados. Embora o preço médio ponderado (PMC) tenha menor potencial de lucro e risco, seu maior volume sugere uma adoção mais ampla. Isso indica que os negociantes costumam priorizar estratégias de menor risco, especialmente em mercados voláteis como o de criptomoedas.

Diversificação de Portfólio

A diversificação de portfólio no setor de criptomoedas significa distribuir o capital de investimento entre diferentes criptomoedas e outras classes de ativos para minimizar o risco total. Em vez de investir todos os recursos em uma única moeda, distribui-se estrategicamente para amortecer possíveis perdas devido à desvalorização de moedas individuais. Assim, um investidor pode alocar uma parte de seu capital em criptomoedas estabelecidas como Bitcoin ou Ethereum, outra parte em chamadas Altcoins com maior potencial de crescimento e uma terceira parte em classes de ativos completamente diferentes, como ações, títulos ou commodities. Essa ampla distribuição reduz a dependência do desempenho de ativos individuais. Embora as criptomoedas possam servir como uma proteção contra vários riscos, como ações, moedas fiat ou incertezas geopolíticas, essas características mudam ao longo do tempo. [s10] Portanto, é aconselhável considerar, além das criptomoedas, outras classes de ativos como ouro, petróleo bruto ou o mercado de carbono europeu para proteger o portfólio contra flutuações inesperadas do mercado. [s10] Stablecoins, que estão atreladas a moedas fiat, também podem contribuir para a diversificação, mas sua estabilidade nem sempre é garantida e deve ser avaliada criticamente. [s10] Um portfólio diversificado pode não apenas reduzir o risco, mas também melhorar as

Ação [i8]

Ouro [i9]

oportunidades de retorno e diminuir a volatilidade total do portfólio.

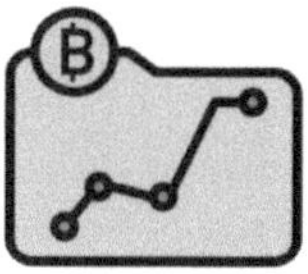

[s10] Uma revisão e ajuste regulares da composição do portfólio de acordo com a disposição ao risco individual e a situação do mercado são essenciais. Um portfólio bem diversificado deve incluir diferentes classes de ativos, criptomoedas com diferentes capitalizações de mercado e tecnologias, bem como diferentes estratégias de investimento. - Por exemplo, uma parte do portfólio pode ser destinada a investimentos de longo prazo em projetos estabelecidos, enquanto outra parte é utilizada para negociações de curto prazo e aproveitamento de flutuações de preços. - A ponderação das posições individuais deve ser ajustada de acordo com a disposição ao risco de cada um.

Petróleo bruto [i10]

Obrigação [i11]

Bom saber

Altcoins

Criptomoedas alternativas ao Bitcoin, que frequentemente oferecem maiores potenciais de crescimento, mas também riscos mais elevados.

Diversificação de Portfólio

Uma estratégia de mitigação de riscos, onde os investimentos são distribuídos entre diferentes criptomoedas e outras classes de ativos para minimizar o impacto de perdas em um único ativo.

Exemplo de Diversificação de Portfólio de Criptomonedas

Alocação diversificada de portfólio de criptomoedas.

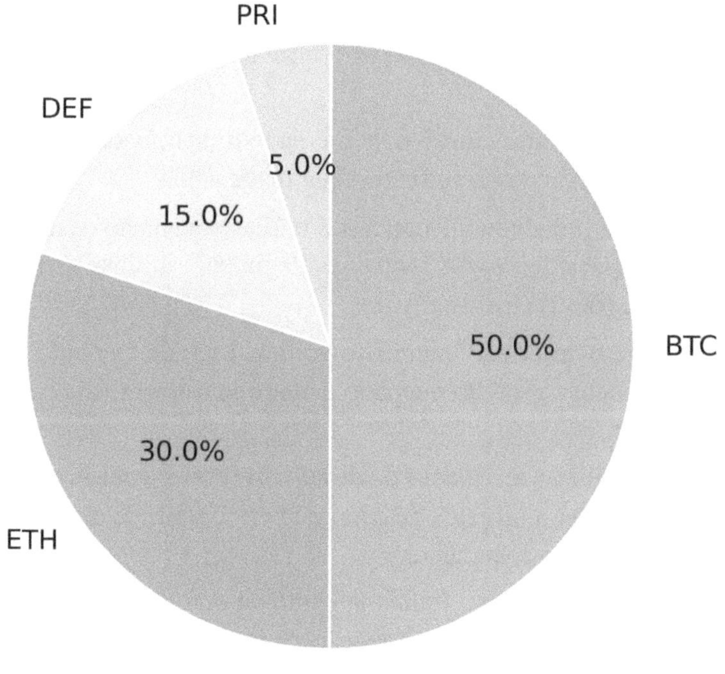

BTC: Bitcoin

ETH: Ethereum

DEF: Token DeFi

PRI: Moeda de Privacidade

Este portfólio prioriza Bitcoin (BTC) como base, equilibrando-o com Ethereum (ETH) para exposição a contratos inteligentes. Alocações menores para um token de finanças descentralizadas (DeFi) e uma moeda focada em privacidade adicionam diversificação em diferentes setores do mercado de criptomoedas. Esta estratégia visa uma combinação de estabilidade e potencial de crescimento, mitigando o risco, evitando a concentração excessiva em um único ativo.

Conselhos concretos

- Utilize exploradores de blockchain para observar grandes transações e tirar conclusões sobre possíveis movimentos de mercado.
- Crie uma rede de fontes de informação confiáveis para combater notícias falsas e manipulações de mercado de forma precoce.
- Defina critérios claros de saída para seus investimentos, tanto para realização de lucros quanto para limitações de perdas, e mantenha-se fiel a eles.
- Simule diferentes cenários de mercado (crash, boom, movimento lateral) e teste como sua estratégia reage a eles.
- Analise a influência de notícias e mídias sociais no desenvolvimento dos preços e desenvolva uma estratégia para utilizar essas informações de forma eficaz.
- Observe o desenvolvimento do volume total de mercado para avaliar o sentimento geral do mercado e identificar potenciais pontos de inflexão.
- Acompanhe as atividades de desenvolvedores e suas contribuições de código para projetos de código aberto, a fim de descobrir projetos inovadores precocemente.
- Familiarize-se com o funcionamento de oráculos descentralizados e avalie sua influência na formação de preços de criptoativos.
- Desenvolva uma estratégia para lidar com forks e airdrops, a fim de aproveitar oportunidades potenciais e minimizar riscos.
- Revise regularmente os fundamentos dos projetos nos quais você investiu, para validar sua estratégia de investimento.

2. 2 Plataformas de Negociação

Plataformas de negociação de criptomoedas permitem a compra e venda de criptomoedas e oferecem várias opções de acesso a este mercado. As exchanges centralizadas (CEX) oferecem alta liquidez e acesso simplificado, mas apresentam riscos como hacking e falência. As exchanges descentralizadas (DEX) e o comércio direto (P2P) aumentam o controle sobre os próprios ativos, mas colocam os usuários diante de desafios relacionados à liquidez, segurança e formação de preços. Descubra neste capítulo qual plataforma se adapta melhor às suas necessidades e como navegar de forma ideal pelas oportunidades e riscos associados.

A escolha da plataforma de negociação de criptomoedas certa (CEX, DEX, P2P) depende das prioridades individuais: segurança vs. controle, funcionalidade vs. anonimato, volume de negociação vs. flexibilidade. Uma cuidadosa ponderação dos prós e contras é essencial.

Plataformas de Negociação Centralizadas

As plataformas de negociação centralizadas (CEX) funcionam como mercados online para criptomoedas, atuando como intermediárias entre compradores e vendedores [s11]. Elas permitem a troca de moedas fiduciárias, como euro ou dólar americano, por criptomoedas e vice-versa [s11]. Essa função simplifica o acesso a ativos digitais para um amplo público. Ao reunir oferta e demanda, as CEX geralmente oferecem alta liquidez, o que possibilita transações rápidas e eficientes [s11]. Outro aspecto é o cumprimento de requisitos regulatórios, que podem variar conforme a jurisdição. Essa regulamentação pode fortalecer a confiança dos usuários, mas também acarreta custos mais altos para os operadores [s11]. Além das vantagens, as CEX também apresentam riscos. Isso inclui riscos de segurança, como ataques de hackers, que podem resultar na perda de fundos dos usuários [s11]. A centralização dos ativos na plataforma representa um alvo atraente para cibercriminosos. Além disso, má gestão financeira por parte do operador pode levar a perdas [s11]. Um ponto central é a necessidade de confiar os ativos à CEX. Essa perda de controle aumenta o risco de fraude ou insolvência do provedor [s11]. Se a CEX falir, os usuários podem ter dificuldades em recuperar seus fundos. Embora as CEX ofereçam um ambiente de negociação estável e uma infraestrutura tecnológica avançada [s12] [s11], os riscos associados devem ser cuidadosamente ponderados. Considere, por exemplo, manter uma parte de seus ativos em uma carteira offline segura para minimizar o risco de perdas devido a problemas específicos da plataforma. O uso estratégico das flutuações de mercado para melhorar a liquidez e a oferta de derivativos e estratégias de hedge [s12] é atraente, mas não deve ofuscar os aspectos básicos de segurança.

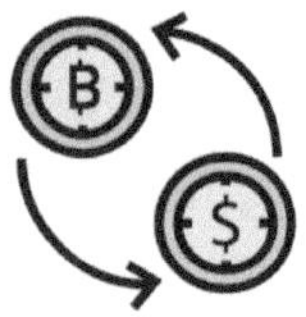

Bom saber

Derivativos

Os derivativos são instrumentos financeiros cujo valor é derivado de um ativo subjacente, como uma criptomoeda. Eles permitem que os comerciantes especulem sobre movimentos de preço sem possuir o ativo subjacente. Exemplos de derivativos incluem futuros e opções.

Estratégias de Hedge

As estratégias de hedge servem para minimizar o risco de perdas devido a mudanças de preço. Os comerciantes utilizam diversos instrumentos e técnicas para se proteger contra movimentos de mercado desfavoráveis.

Liquidez

Liquidez refere-se à capacidade de converter um ativo rapidamente e facilmente em dinheiro, sem influenciar significativamente o preço. Alta liquidez significa que há muitos compradores e vendedores, e as transações podem ser realizadas rapidamente.

Moedas Fiduciárias

As moedas fiduciárias são moedas emitidas pelo governo, como euro, dólar americano ou iene. Elas servem como meio de pagamento comum e são reguladas por bancos centrais. Ao contrário das criptomoedas, não são descentralizadas e baseiam-se na confiança no governo emissor.

Volume de Negociação em Exchange Centralizada

Comparação de Volume Diário de BTC

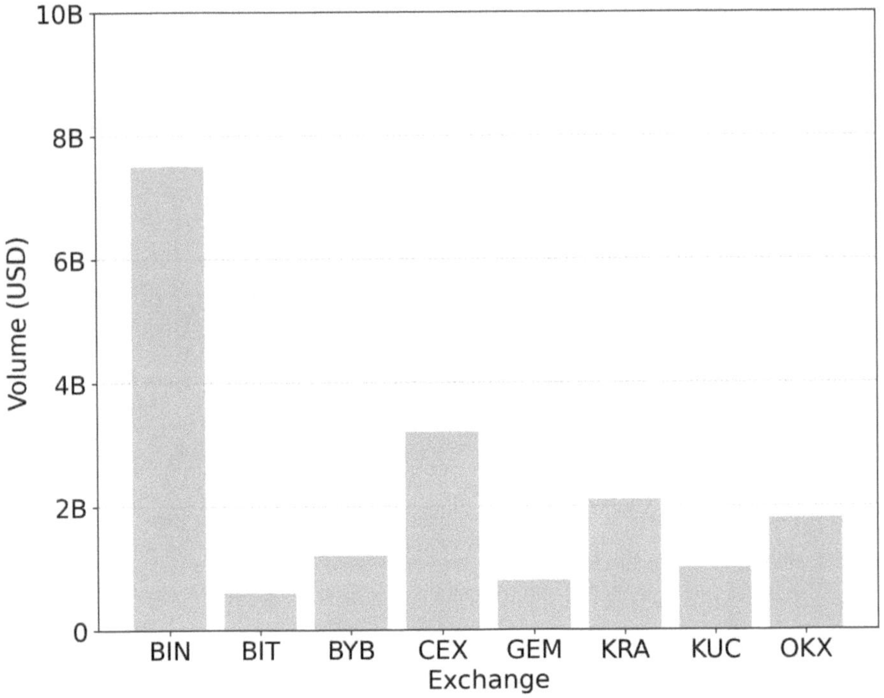

BIN: Binance

BIT: Bitstamp

BYB: ByBit

CEX: Coinbase Exchange

GEM: Gemini

KRA: Kraken

KUC: KuCoin

OKX: OKX

A Binance domina o volume de negociações, indicando alta liquidez e atividade do usuário. Coinbase e Kraken também detêm participação significativa no mercado, enquanto corretoras menores como Gemini e Bitstamp representam uma porção menor, porém ainda relevante, do cenário geral de negociação de Bitcoin. Essa concentração destaca a importância dessas plataformas na descoberta de preços e na estabilidade do mercado.

Bolsas Descentralizadas

Bolsas descentralizadas (DEX) visam permitir a negociação de criptomoedas sem intermediários. Ao contrário das plataformas centralizadas, os usuários gerenciam suas chaves privadas e negociam diretamente entre si. Isso significa que nenhuma entidade central controla os fundos ou dados, reduzindo a vulnerabilidade a ataques hackers e os riscos associados à falência do operador da bolsa. As DEX geralmente se baseiam na tecnologia blockchain e utilizam smart_contracts para processar transações de forma automática e transparente. Um usuário que valoriza o controle total sobre seus ativos digitais pode preferir uma DEX para negociação. No entanto, apesar da abordagem descentralizada, algumas DEX adotaram práticas tradicionais de intermediação. Isso pode comprometer a transparência e a segurança que deveriam estar em primeiro plano. Portanto, é aconselhável que os usuários se informem sobre a arquitetura e o funcionamento de uma DEX antes de utilizá-la. As autoridades reguladoras estão considerando a introdução de obrigações de registro para intermediários de moedas digitais. Tais medidas poderiam melhorar a proteção dos investidores e fortalecer a integridade do mercado, mas também poderiam influenciar a natureza descentralizada das DEX. O desenvolvimento desse quadro regulatório e seus impactos nas DEX devem ser acompanhados atentamente pelos usuários. Outro aspecto das bolsas descentralizadas é a liquidez, que muitas vezes é menor em comparação com as CEX. Isso pode levar a maiores desvios de preços e tempos de transação mais longos. A escolha da plataforma de negociação adequada, seja centralizada ou descentralizada, depende, em última análise, das prioridades e necessidades individuais do usuário – segurança versus funcionalidade e volume de negociação. Portanto, uma avaliação cuidadosa das respectivas vantagens e desvantagens é essencial.

Bom saber

Práticas de Intermediação

Práticas de intermediação referem-se às atividades de intermediários ou agentes em um mercado. No contexto das bolsas descentralizadas (DEX), as práticas de intermediação podem comprometer a transparência e a segurança, pois podem minar a natureza descentralizada da plataforma.

Comparação de Volume de Negociação DEX

Comparação do volume diário de negociação em DEXs populares.

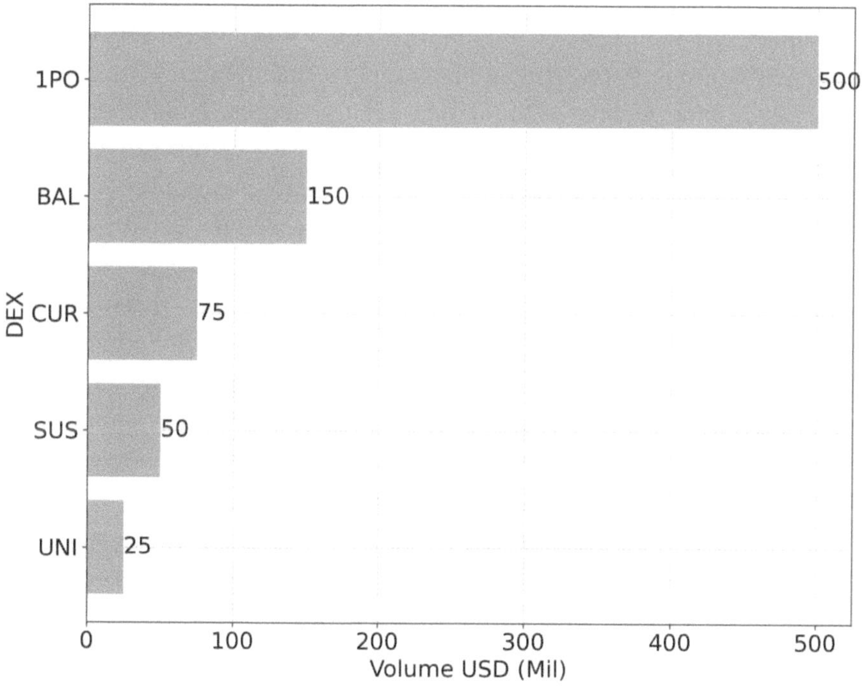

1PO: 1 polegada

BAL: Balanceador

CUR: Curva

SUS: SushiSwap

UNI: Uniswap

Uniswap domina a paisagem DEX com volume de negociação significativamente maior em comparação com outras plataformas. SushiSwap ocupa uma respeitável segunda posição, enquanto os DEXs restantes experimentam uma atividade de negociação consideravelmente menor, indicando uma participação de mercado concentrada entre os principais players.

Negociação Direta

A negociação direta, também chamada de negociação peer-to-peer (P2P), permite a troca de criptomoedas sem a participação de uma entidade central, como uma bolsa. Compradores e vendedores interagem diretamente entre si, muitas vezes através de plataformas ou fóruns P2P especializados. Essas plataformas geralmente oferecem funcionalidades como serviços de custódia para garantir a segurança das transações. Uma vantagem da negociação direta é o maior controle sobre os próprios ativos. Os usuários gerenciam suas chaves privadas e não precisam confiar suas criptomoedas a terceiros. Isso reduz o risco de perdas devido a ataques de hackers em bolsas ou à falência destas. Além disso, a negociação direta frequentemente oferece opções de pagamento mais flexíveis. Compradores e vendedores podem concordar em diferentes métodos de pagamento, desde transferências bancárias até serviços de pagamento online e dinheiro em espécie. Isso pode ser especialmente vantajoso em regiões com acesso limitado a serviços financeiros tradicionais. Outro aspecto é a potencial formação de preços. Através de negociações diretas, compradores e vendedores podem negociar preços que estão fora das faixas estabelecidas pelas bolsas. Assim, um comprador pode conseguir um preço mais baixo em comparação com o preço de mercado atual em uma bolsa. No entanto, a negociação direta também apresenta certos riscos. A ausência de uma autoridade central aumenta o risco de fraudes. É importante verificar cuidadosamente a reputação do parceiro comercial e, se necessário, utilizar medidas de segurança como serviços de custódia. A verificação de identidade dos parceiros comerciais também pode ser mais complexa do que em bolsas regulamentadas. Outro ponto é a liquiditaet frequentemente menor em comparação com as bolsas. Encontrar um parceiro comercial adequado com a oferta ou demanda desejada pode ser demorado. A velocidade da transação também depende do método de pagamento escolhido e do tempo de confirmação da respectiva blockchain. Finalmente, a formação de preços na negociação direta é mais volátil. Os preços podem flutuar mais do que nas bolsas estabelecidas, pois dependem diretamente das negociações individuais entre compradores e vendedores. Para minimizar o risco de fraudes, os usuários devem negociar em plataformas P2P estabelecidas com boa reputação e considerar as avaliações de outros usuários. Na negociação direta, existem diferentes modelos de negociação. Estes incluem: - plataformas P2P centralizadas, que atuam como intermediárias e oferecem serviços de custódia; - plataformas P2P descentralizadas, que se baseiam em tecnologia blockchain e oferecem maior anonimato; - e comunicação direta entre compradores e vendedores através de fóruns ou redes sociais, que, no entanto, apresenta um risco maior de fraude. A escolha do modelo adequado depende das necessidades individuais e da disposição para o risco do usuário. É aconselhável se informar bem sobre os diferentes modelos e suas vantagens e desvantagens antes de entrar na negociação direta. A negociação direta pode ser uma alternativa atraente às bolsas tradicionais, mas requer um maior grau de responsabilidade pessoal e gerenciamento de riscos. A verificação cuidadosa dos parceiros comerciais, o uso de mecanismos de segurança e uma compreensão sólida das condições de mercado são fundamentais para uma negociação direta bem-sucedida. Comparar taxas, criptomoedas oferecidas e medidas de segurança de várias plataformas P2P pode ajudar a encontrar a plataforma adequada para as necessidades individuais.

Bom saber

Volatilidade

A volatilidade refere-se às flutuações de preço de uma criptomoeda. Um mercado volátil é caracterizado por grandes variações de preço.

Serviço de Custódia

Um serviço que aumenta a segurança das transações de criptomoedas, gerenciando os fundos em custódia até que ambas as partes cumpram suas obrigações.

Volume de Negociação P2P vs. Exchange

Distribuição de volume de negociação peer-to-peer vs. exchange centralizada.

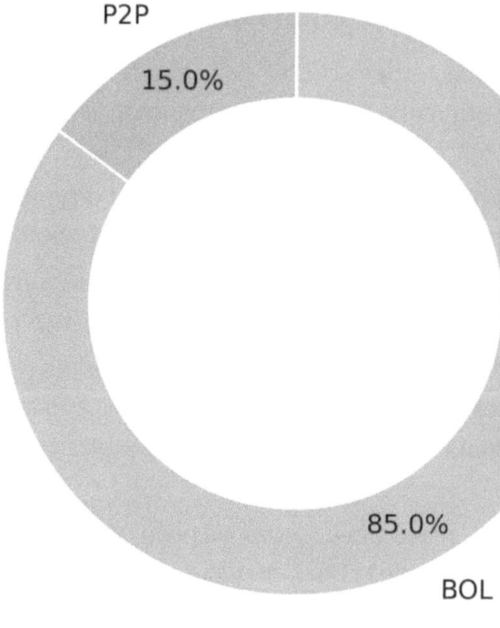

- BOL: Negociação em Bolsa
- P2P: Negociação P2P

A visualização revela uma preferência significativa por corretoras centralizadas na negociação de criptomoedas. Isso sugere que os usuários priorizam a liquidez, velocidade e recursos oferecidos por plataformas estabelecidas. Embora o P2P ofereça vantagens potenciais, como privacidade e controle direto, sua menor participação no mercado indica que ele atende a um segmento de nicho ou é usado em circunstâncias específicas.

Conselhos concretos

- Observe as atividades de negociação em bolsas menos conhecidas para descobrir novas tendências e oportunidades de investimento precocemente.
- Compare as estruturas de taxas de diferentes bolsas, especialmente em relação a custos ocultos, como taxas de retirada ou taxas de negociação para volumes baixos.
- Verifique os tipos de ordens oferecidos em diferentes bolsas e escolha a plataforma que melhor se adapta às suas estratégias de negociação.
- Aproveite as oportunidades de arbitragem entre diferentes bolsas para lucrar com as diferenças de preço da mesma criptomoeda.
- Preste atenção às medidas de segurança das bolsas, como autenticação de dois fatores e armazenamento a frio, e prefira plataformas com segurança comprovadamente alta.
- Informe-se sobre a história e a reputação de uma bolsa antes de confiar seu capital a ela e pesquise relatos de experiências de outros usuários.
- Diversifique seus ativos em criptomoedas em várias bolsas para minimizar o risco de perda total devido a um ataque hacker ou à falência de uma única plataforma.
- Observe a liquidez dos diferentes pares de negociação em uma bolsa para garantir que você possa comprar ou vender suas posições de forma rápida e eficiente a qualquer momento.
- Teste a facilidade de uso e os recursos oferecidos por uma bolsa com uma conta demo ou com quantias pequenas antes de fazer investimentos maiores.

2. 3 Gestão de Risco

O comércio de criptomoedas oferece altas oportunidades de lucro, mas também apresenta riscos significativos devido à volatilidade do mercado. Portanto, o trading bem-sucedido requer uma gestão ativa de riscos, que inclui limitação de perdas, determinação do tamanho das posições e realização de lucros. Esses aspectos influenciam diretamente o retorno e o sucesso de suas atividades de negociação. Os capítulos a seguir explicam estratégias e métodos para proteger efetivamente seus investimentos e maximizar seus lucros. Desde a compreensão da própria disposição ao risco até a utilização de modelos quantitativos – aqui você encontrará o conhecimento necessário para gerenciar com sucesso seus investimentos em criptomoedas. Prepare-se para otimizar sua estratégia de negociação e assumir o controle de seu portfólio.

Uma gestão de risco bem-sucedida no comércio de criptomoedas requer uma combinação de limitação de perdas, determinação do tamanho das posições e estratégias de realização de lucros, adaptadas à disposição individual para o risco e às condições de mercado.

Limitação de Perdas

A limitação de perdas no mercado de criptomoedas requer estratégias que considerem a volatilidade inerente a essa classe de ativos. Um aspecto importante é a definição da própria disposição ao risco. Invista apenas capital cuja perda você pode suportar [s13]. Isso evita reações emocionais e de pânico às flutuações de preços. Para atividades de negociação de curto prazo, ferramentas específicas, como Ordens de Stop-Loss garantidas, podem ser úteis para limitar perdas [s13]. Assim, em caso de queda nos preços, as perdas podem ser minimizadas automaticamente, vendendo posições ao atingir um preço previamente definido. Além da disposição individual ao risco, é essencial compreender os riscos de mercado. O uso de modelos quantitativos pode ajudar a considerar cenários extremos de perda. Uma abordagem é a utilização do Conditional Value at Risk (CVaR), que se concentra na avaliação de perdas potenciais no cenário "pior caso" [s14]. Através da integração da Teoria da Credibilidade e Variáveis Fuzzy em tais modelos, incertezas e a volatilidade do mercado podem ser melhor representadas [s14]. A diversifikation – ou seja, a distribuição do capital em diferentes criptomoedas e outras classes de ativos – reduz o risco total do portfólio. Restrições adicionais de "piso e teto" dentro do portfólio garantem uma alocação realista dos ativos individuais [s14]. Assim, um investidor poderia, por exemplo, estabelecer que posições individuais devem representar no máximo 10% e no mínimo 2% do portfólio total, a fim de evitar riscos de concentração e, ao mesmo tempo, garantir uma diversificação adequada.

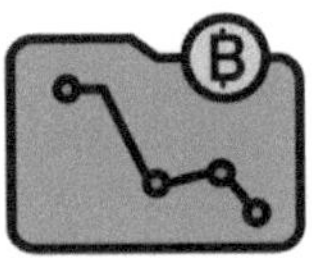

Bom saber

Ordem de Stop-Loss

Ordem de venda automática que é acionada quando o preço de uma criptomoeda cai abaixo de um determinado valor. Protege contra perdas maiores.

Risco de Concentração

Risco que surge quando uma grande parte do portfólio está concentrada em uma única classe de ativos ou ativo. Uma queda de preço nessa área pode levar a perdas significativas.

Teoria da Credibilidade

Abordagem matemática para quantificação de incertezas, que considera avaliações subjetivas e conhecimento de especialistas para avaliar a probabilidade de eventos.

Variáveis Fuzzy

Variáveis cujos valores não são definidos de forma precisa, mas sim de maneira imprecisa. Permitem a modelagem de imprecisões e incertezas nos dados.

Preço do Bitcoin e Níveis de Stop-Loss

Exemplo de níveis de stop-loss sendo acionados durante uma queda no preço do Bitcoin.

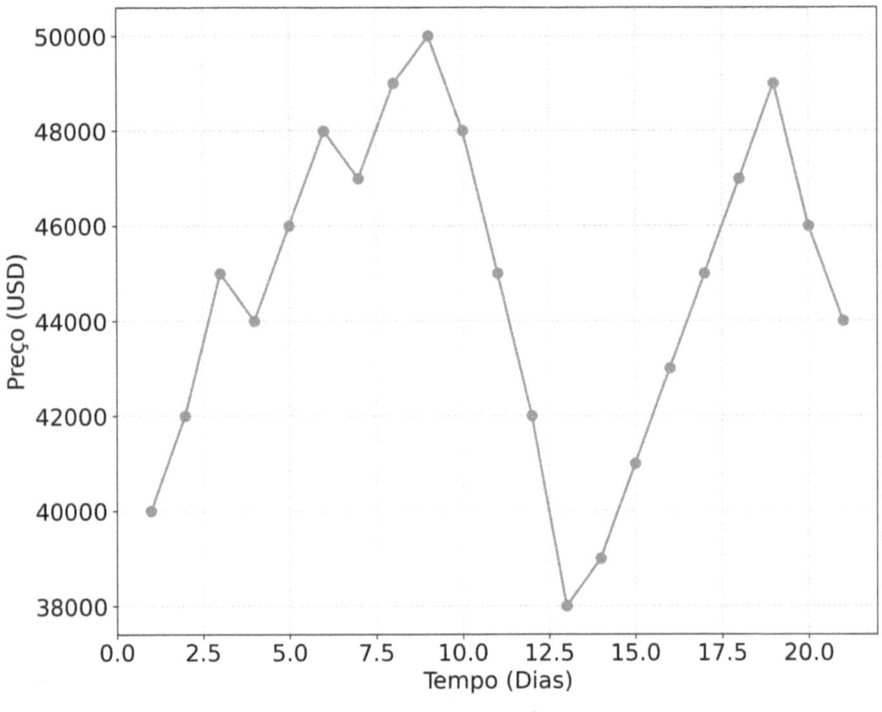

Este gráfico ilustra como as ordens de stop-loss podem proteger os investimentos durante a volatilidade do mercado. O stop-loss inicial é acionado quando o preço cai, limitando as perdas. Um stop-loss móvel se ajusta dinamicamente às flutuações de preço, garantindo os lucros à medida que o preço sobe, mas ativando quando o preço cai uma certa porcentagem de seu pico. Embora as ordens de stop-loss não eliminem o risco, elas podem mitigar significativamente as perdas potenciais.

Tamanhos de Posições

Os tamanhos de posições determinam qual parte do seu capital é investida em um único ativo, como Bitcoin ou Ethereum. Uma determinação de posição bem pensada limita perdas potenciais e otimiza o retorno total. Vários fatores devem ser considerados. Sua disposição pessoal ao risco desempenha um papel crucial. Você está disposto a assumir riscos mais altos para potenciais ganhos maiores ou prefere uma estratégia mais conservadora com retornos menores, mas mais consistentes? A volatilitaet da criptomoeda em questão também influencia o tamanho da posição. Em mercados com flutuações acentuadas, uma posição menor é aconselhável para evitar perdas maiores. A correlação entre diferentes criptomoedas no portfólio também deve ser considerada. Valores altamente correlacionados tendem a se mover na mesma direção. Uma concentração excessiva em tais valores diminui o efeito de diversifikation. Além da dispersão de risco entre diferentes criptomoedas, a alocação em outras classes de ativos, como ações ou títulos, oferece estabilidade adicional. Um portfólio diversificado pode assim amortecer o risco de ativos individuais. Uma abordagem prática para a determinação de posições é estabelecer uma porcentagem máxima de perda por negociação, como 1% do capital total. Com um portfólio de $10.000 e uma perda máxima de 1%, o tamanho da posição deve ser escolhido de forma que uma perda de $100 não seja ultrapassada. Isso requer o cálculo dos níveis de stop-loss, com base na volatilidade do ativo em questão.

Bom saber

Nível de Stop-Loss

Um nível de stop-loss é um preço previamente definido, no qual uma criptomoeda é vendida automaticamente para limitar perdas adicionais. Estabelecer um nível de stop-loss é uma ferramenta importante na gestão de riscos, pois ajuda a evitar decisões emocionais em caso de perdas de preço e a controlar o potencial de perda.

Alocação Exemplar de Portfólio de Criptomoedas

Portfólio de criptomoedas ilustrativo com gerenciamento de risco.

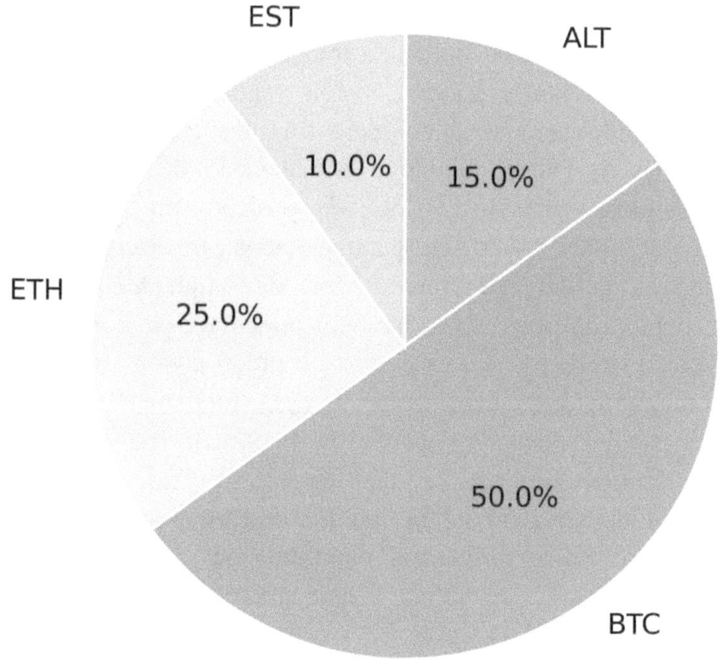

ALT: Altcoins

EST: Stablecoins

BTC: Bitcoin

ETH: Ethereum

Este portfólio enfatiza a diversificação e a mitigação de riscos. A grande alocação do Bitcoin fornece uma base de relativa estabilidade, enquanto o Ethereum oferece exposição ao crescente ecossistema DeFi. Alocações menores em altcoins promissoras oferecem maior potencial de retorno, mas também carregam maior risco. A parte da stablecoin fornece liquidez e um porto seguro durante a volatilidade do mercado.

Realização de Lucros

A realização de lucros é um aspecto central do comércio bem-sucedido de criptomoedas. Ela serve para garantir os lucros obtidos e minimizar o risco de perdas devido à alta volatilitaet do mercado. Uma estratégia de realização de lucros deve ser baseada em regras claras e não ser influenciada por emoções. Uma dessas regras poderia ser a definição de uma meta de lucro. Assim, um investidor poderia decidir vender uma posição assim que um determinado percentual de lucro for alcançado, por exemplo, 20% ou 50%. [s15] Outro método é a realização de lucros gradual. Aqui, o investidor vende partes de sua posição em várias etapas, enquanto o preço sobe. Assim, ele garante lucros em diferentes fases e reduz o risco de perder o momento ideal de saída. Além de metas percentuais, pontos de preço fixos também podem servir como gatilhos para a realização de lucros. Esses pontos de preço podem ser definidos com base em análises técnicas ou avaliações fundamentais. [s16] A escolha da estratégia adequada depende da disposição individual para o risco, do horizonte temporal e das expectativas de mercado. É importante implementar a estratégia definida de forma consistente e não se deixar influenciar por flutuações de preços de curto prazo. Disciplina e uma abordagem sistemática são cruciais para o sucesso a longo prazo no comércio de criptomoedas. Os impostos também devem ser considerados na realização de lucros. Com um planejamento inteligente, os investidores podem otimizar sua carga tributária. Assim, lucros mantidos por mais de um ano poderiam ser tributados de forma mais favorável. [s16] Uma análise detalhada dos aspectos fiscais do comércio de criptomoedas no respectivo país é, portanto, aconselhável. A combinação de estratégias claras de realização de lucros e otimização fiscal pode permitir que os investidores maximizem seus retornos enquanto gerenciam riscos de forma eficaz.

Bom saber

Análise Técnica

A análise técnica utiliza dados históricos de preços e padrões de gráficos para prever movimentos futuros de preços de criptomoedas e tomar decisões de negociação.

Análise Fundamental

A análise fundamental avalia o valor intrínseco de uma criptomoeda, examinando fatores como tecnologia, equipe, aceitação e condições de mercado.

Otimização Fiscal

A otimização fiscal refere-se a estratégias para reduzir a carga tributária dentro das possibilidades legais. No contexto das criptomoedas, isso pode incluir, por exemplo, a utilização de isenções ou a consideração de perdas.

Retorno

O retorno é o lucro ou perda de um investimento, expresso como uma porcentagem do capital investido. No contexto das criptomoedas, o retorno pode ser obtido por meio de ganhos de preço, recompensas de staking ou outras receitas.

Exemplo de Estratégias de Take-Profit para Bitcoin

Retornos potenciais com diferentes níveis de TP

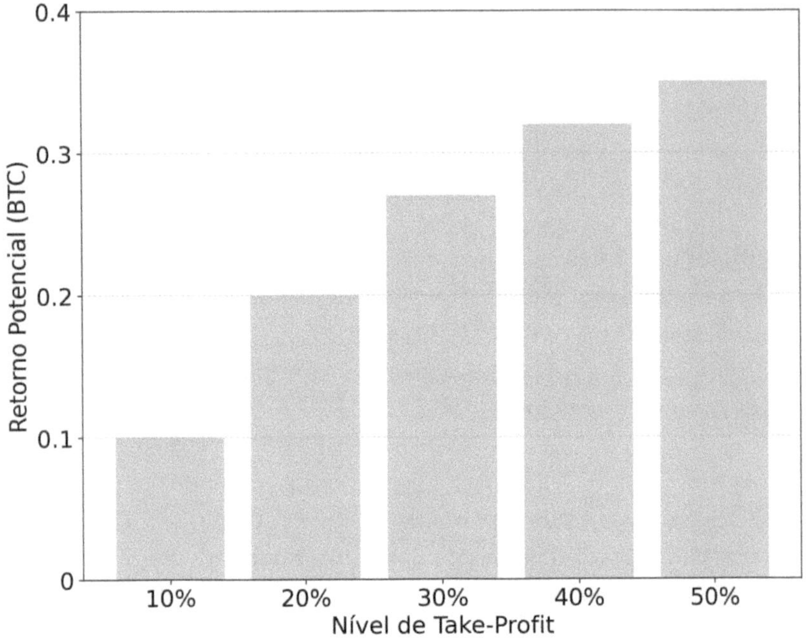

10%: 10% TP

20%: 20% TP

30%: 30% TP

40%: 40% TP

50%: 50% TP

Este gráfico ilustra como diferentes níveis de take-profit podem impactar os retornos potenciais. Enquanto um nível de TP mais baixo, como 10%, oferece ganhos menores e mais frequentes, níveis de TP mais altos, como 50%, visam lucros maiores e menos frequentes. A estratégia ideal depende da tolerância ao risco individual e das condições do mercado. Uma abordagem diversificada com níveis de take-profit escalonados pode ser a mais eficaz.

Conselhos concretos

- Defina limites de risco individuais para cada criptomoeda em seu portfólio, com base em sua volatilidade e no seu perfil de risco pessoal.
- Crie um sistema de semáforo para seu portfólio, que forneça sinais de alerta antecipados com base em indicadores técnicos e no sentimento do mercado.
- Utilize sistemas de negociação automatizados (bots) para implementar sua estratégia de gerenciamento de risco de forma consistente e evitar decisões emocionais.
- Defina um plano de emergência para situações extremas de mercado (por exemplo, "cisnes negros"), que contenha instruções concretas para proteger seu capital.
- Avalie regularmente a eficácia de sua estratégia de gerenciamento de risco e ajuste-a às condições de mercado alteradas e a novas descobertas.
- Simule testes de estresse para seu portfólio, a fim de analisar os impactos de quedas extremas nos preços sobre seu capital total.
- Integre "Ordens de Stop-Loss Trailing", que se ajustam automaticamente a preços em alta, para garantir lucros e, ao mesmo tempo, reagir de forma flexível a mudanças de preço.
- Estabeleça um limite de perda mensal e pause a negociação assim que esse limite for atingido, para refletir sobre sua estratégia.
- Crie um pequeno "portfólio experimental" com uma parte reduzida de seu capital, para testar novas estratégias e ferramentas de gerenciamento de risco na prática.

Revisão - 2. Negociação de Criptomoedas

O comércio de criptomoedas oferece oportunidades fascinantes, mas também apresenta riscos significativos. O sucesso no volátil mercado de criptomoedas, portanto, requer uma estratégia bem pensada e uma compreensão sólida dos mecanismos subjacentes. Independentemente de você desejar investir a longo prazo ou negociar a curto prazo, as seguintes considerações podem ajudá-lo a alcançar seus objetivos enquanto minimiza suas perdas.

Um fator crucial para qualquer investidor é a diversificação. Distribua seu capital entre diferentes criptomoedas com diferentes capitalizações de mercado e tecnologias. Limite seu envolvimento em posições individuais para evitar riscos concentrados e considere também outras classes de ativos, como ações, títulos ou commodities. Lembre-se de que a correlação entre diferentes ativos, especialmente em tempos de crise, pode variar bastante. Portanto, uma revisão e ajuste regulares de seu portfólio às condições atuais do mercado e à sua tolerância ao risco são essenciais. Considere, por exemplo, se uma estratégia de alocação dinâmica que leva em conta as correlações entre os ativos pode ser adequada para você.

Para traders de curto prazo, a escolha da plataforma de negociação certa é decisiva. As exchanges centralizadas (CEX) geralmente oferecem alta liquidez e fácil acesso a várias criptomoedas. No entanto, elas também apresentam riscos, como ataques de hackers ou falência do operador. As exchanges descentralizadas (DEX) oferecem mais controle sobre suas chaves privadas e, assim, reduzem o risco da plataforma, mas muitas vezes têm menor liquidez. Alternativamente, você pode considerar a negociação direta (P2P), que oferece mais flexibilidade em métodos de pagamento e precificação, mas também apresenta um risco maior de fraude. Avalie cuidadosamente os prós e contras das diferentes plataformas e escolha aquela que melhor se adapta às suas necessidades e à sua tolerância ao risco. Informe-se detalhadamente sobre as medidas de segurança e taxas da plataforma em questão antes de investir seu capital.

Independentemente de sua estratégia de negociação, uma gestão de risco eficaz é essencial. Defina sua tolerância ao risco e invista apenas capital cuja perda você possa suportar. Utilize ordens de stop-loss para limitar perdas em caso de quedas acentuadas nos preços. Determine cuidadosamente o tamanho de suas posições, levando em consideração a volatilidade da criptomoeda em questão. Desenvolva uma estratégia clara para a realização de lucros e não se deixe levar por emoções. Pense também nas implicações fiscais de suas atividades de negociação e otimize sua estratégia de acordo. O mercado de criptomoedas é complexo e está em constante movimento. Portanto, a educação contínua e a adaptação de sua estratégia às condições de mercado em mudança são cruciais para seu sucesso a longo prazo.

O comércio de criptomoedas pode ser desafiador, mas com a preparação adequada e uma abordagem disciplinada, você pode aproveitar as oportunidades deste mercado dinâmico. Informe-se, desenvolva sua própria estratégia e mantenha-se sempre disposto a aprender. O caminho para o sucesso no comércio de criptomoedas exige paciência, perseverança e uma busca contínua por melhorias.

3. Mineração de Criptomoedas

Você já se perguntou como novos Bitcoins realmente são criados? Por trás de cada transação e de cada novo token existe um fascinante processo técnico que requer imensa capacidade de computação. De pequenos computadores domésticos a enormes data centers, computadores em todo o mundo trabalham 24 horas por dia para resolver complexos quebra-cabeças matemáticos. Os investimentos necessários e o consumo de energia levantam questões importantes sobre sustentabilidade e viabilidade econômica. Neste capítulo, desvendamos o mundo oculto da mineração de criptomoedas - desde os fundamentos técnicos até a implementação lucrativa.

3. 1 Métodos de Mineração

Esta seção explora diferentes métodos de mineração de criptomoedas, desde a mineração solo até pools de mineração e mineração em nuvem. Cada método oferece vantagens e desvantagens específicas em termos de rentabilidade, risco e recursos necessários. A escolha do método certo influencia significativamente o sucesso e a sustentabilidade de suas atividades de mineração. Descubra a estratégia ideal para sua configuração individual e seus objetivos financeiros.

A escolha do método de mineração (Solo, Pool, Cloud) depende da taxa de hash individual, da disposição ao risco e dos custos, e influencia a rentabilidade e a estabilidade da receita.

Mineração Individual

Na mineração individual (Solo-Mining), um minerador tenta sozinho encontrar um bloco na blockchain e receber a recompensa associada. Ao contrário da mineração em um pool, onde a potência de cálculo é agrupada e as recompensas são divididas, o minerador individual mantém toda a recompensa do bloco para si. Isso parece atraente, mas também apresenta riscos significativos. A probabilidade de encontrar um bloco depende diretamente da própria hashrate em comparação com a hashrate total da rede. Se um minerador possui apenas uma pequena parte da hashrate global, a chance de encontrar um bloco diminui drasticamente. Isso pode resultar em longos períodos sem encontrar blocos e, portanto, sem recompensas, embora os custos de energia para operar o hardware continuem. Isso pode ser comparado a um jogo de loteria: quanto mais bilhetes você possui, maior a chance de ganhar. Na rede Bitcoin, a hashrate corresponde ao número de bilhetes. Um minerador com baixa hashrate teria, portanto, que esperar muito tempo em média até encontrar um bloco. A decisão de minerar individualmente ou não depende de vários fatores, especialmente da própria hashrate e da disposição para correr riscos. Mineradores com alta hashrate, que possuem reservas financeiras suficientes para suportar longos períodos sem recompensa de bloco, podem se beneficiar da mineração individual. Eles aceitam o risco maior em troca da chance de obter a recompensa total do bloco. No entanto, para mineradores com baixa hashrate, a mineração individual geralmente não é aconselhável. Os longos períodos de espera entre os blocos encontrados dificultam a cobertura dos custos operacionais e a obtenção de lucro. [s17] Enquanto na mineração individual toda a recompensa do bloco pertence ao descobridor, os pools de mineração oferecem uma fonte de receita mais constante, embora menor. Portanto, a escolha entre mineração em pool e individual afeta diretamente a estabilidade e previsibilidade da receita. Ataques como

Block Withholding (BWH) podem influenciar a atratividade dos pools de mineração e, assim, indiretamente, a decisão de minerar individualmente ou não. Em um ataque BWH, um membro de um pool de mineração secretamente redireciona potência de cálculo para outro pool, a fim de obter recompensas adicionais, sem contribuir para o sucesso de seu próprio pool. Isso pode reduzir a rentabilidade do pool atacado e levar os mineradores a mudar de pool ou até mesmo a optar pela mineração individual, embora isso possa ser menos lucrativo a longo prazo. [s17]

Bom saber

Block Withholding (BWH)

Block Withholding é um método de ataque em que um membro de um pool de mineração redireciona secretamente potência de cálculo para outro pool, a fim de obter recompensas adicionais, sem contribuir para o sucesso de seu próprio pool.

Solo-Mining

Na mineração solo (também chamada de mineração individual), um minerador tenta sozinho encontrar blocos, sem se juntar a um pool de mineração. O minerador mantém toda a recompensa do bloco, mas também assume todo o risco.

Pools de Mineração

Pools de mineração são associações de mineradores que agrupam sua potência de cálculo para aumentar a probabilidade de encontrar um bloco. A recompensa é distribuída proporcionalmente de acordo com a potência de cálculo contribuída aos membros do pool.

Recompensa do Bloco

A recompensa do bloco é a quantidade de criptomoeda que um minerador recebe ao adicionar com sucesso um novo bloco à blockchain. Ela serve como um incentivo para os mineradores disponibilizarem sua potência de cálculo para a rede.

Distribuição Estimada da Taxa de Hash por Método de Mineração (Solo)

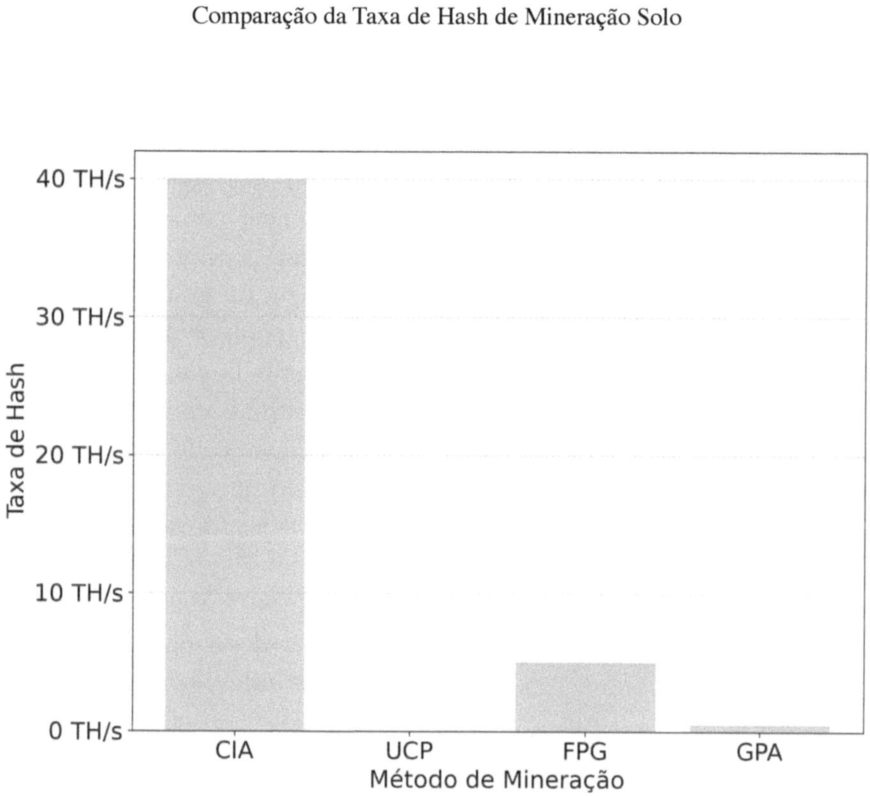

CIA: CIAs

GPA: GPUs

FPG: FPGA

UCP: UCPs

A mineração por CPU representa uma porção insignificante da taxa de hash geral, destacando sua ineficiência. A mineração por GPU, embora mais poderosa que a CPU, ainda é significativamente ofuscada pelos ASICs. A mineração FPGA ocupa um meio termo, oferecendo mais desempenho que as GPUs, mas menos que os ASICs. O domínio dos ASICs ressalta seu design especializado e eficiência para mineração de Bitcoin, tornando-os a escolha preferida para mineradores solo sérios.

Comunidades de Mineração

Miningpools oferecem uma alternativa à mineração individual, reunindo o poder de computação de vários mineradores. Assim, aumenta-se a probabilidade de encontrar blocos e receber recompensas, que são distribuídas proporcionalmente entre os participantes. Essa abordagem suaviza a receita e a torna mais previsível, em contraste com os sucessos esporádicos da mineração solo. O tamanho do pool influencia diretamente a frequência dos pagamentos: um pool grande encontra blocos com mais frequência, mas paga por conta do grande número de participantes, valores menores, enquanto um pool pequeno é menos bem-sucedido, mas distribui maiores proporções individuais quando tem sucesso. Um minerador que, por exemplo, contribui com 100 TH/s de taxa de hash, receberá uma proporção significativamente menor em um pool com 10.000 TH/s de taxa de hash total do que em um pool com apenas 1.000 TH/s. A escolha de um pool adequado, portanto, requer uma ponderação entre a frequência e o valor dos pagamentos. Além do tamanho, a estrutura de taxas e o método de pagamento também desempenham um papel importante na escolha do pool. Alguns pools oferecem diferentes modelos de pagamento que minimizam a influência da sorte e das flutuações sobre a receita. [s18] A concentração do poder de mineração em poucos grandes pools pode, no entanto, influenciar o mercado de criptomoedas. Se poucos pools dominam a rede, o risco de manipulação de preços e ataques aumenta, o que eleva a volatilidade das criptomoedas. Assim, grandes flutuações de preços, como as observadas em bolhas especulativas, podem ainda mais fortalecer o poder de grandes pools. [s18] Portanto, uma escolha cuidadosa do pool é crucial para a estabilidade de todo o ecossistema cripto.

Bom saber

Ecossistema Cripto

O ecossistema cripto abrange todos os aspectos das criptomoedas, incluindo tecnologia, participantes do mercado, regulamentações e aplicações.

Manipulação de Preços

Manipulações de preços no mercado de criptomoedas são tentativas ilegais de influenciar artificialmente o preço de uma criptomoeda, por exemplo, através de compras ou vendas coordenadas de grandes quantidades.

Modelo de Pagamento

Pools de mineração utilizam diferentes modelos de pagamento para distribuir as recompensas entre os participantes. Esses modelos consideram fatores como a taxa de hash contribuída, o tempo no pool e a proporção de blocos encontrados.

Distribuição do Pool de Mineração Bitcoin

Distribuição do hashrate do pool de mineração Bitcoin.

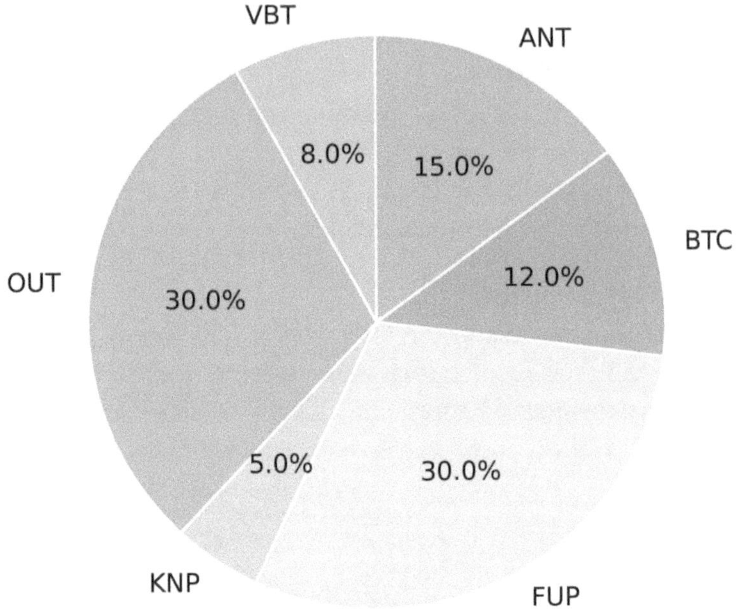

ANT: AntPool

FUP: Foundry EUA Pool

OUT: Outros Pools

BTC: BTC.com

KNP: Knapool

VBT: ViaBTC

O gráfico de pizza visualiza o cenário competitivo da mineração de Bitcoin. Alguns pools grandes controlam uma parte significativa do hashrate, indicando um grau de centralização. Embora isso possa ser benéfico para a produção estável de blocos, também levanta preocupações sobre possíveis ataques de 51% e a saúde geral da rede descentralizada. Pools menores contribuem para uma rede mais distribuída, mas sua influência individual é limitada.

Mineração em Nuvem

A mineração em nuvem oferece uma nova maneira de participar do processo de mineração de criptomoedas sem precisar operar hardware. Os usuários alugam poder de computação de fornecedores especializados e, em troca, recebem uma parte das criptomoedas mineradas. Isso reduz a barreira de entrada, pois não há necessidade de comprar hardware caro, nem de sua manutenção e do consumo de energia associado. Em vez disso, os usuários pagam uma taxa pelo poder de computação alugado, cujo valor influencia significativamente a rentabilidade da mineração em nuvem. Assim, um contrato de 100 TH/s de poder de computação com o fornecedor A pode gerar taxas mais altas do que um contrato semelhante com o fornecedor B, o que diminui diretamente os lucros potenciais. Portanto, é essencial comparar diferentes fornecedores em termos de custos, prazos contratuais e poder de computação oferecido. Além dos custos, a mineração em nuvem também apresenta riscos, incluindo fraudes por parte de fornecedores não confiáveis, que podem não fornecer poder de computação ou atrair clientes com promessas de lucros falsos. Preste atenção à transparência em relação às fazendas de mineração e suas operações, bem como a provas de desempenho verificáveis. Outro aspecto é a dependência do fornecedor: se este rescindir o contrato ou encerrar as operações, a possibilidade de minerar desaparece. A escolha de um fornecedor estabelecido e confiável com uma orientação de negócios de longo prazo minimiza esse risco. A mineração em nuvem pode ser uma opção interessante para usuários que desejam participar da mineração de criptomoedas sem grandes investimentos em hardware. No entanto, uma análise cuidadosa dos custos e riscos é indispensável para avaliar realisticamente as chances de sucesso.

Poder de processamento [i12]

Bom saber

Fazendas de Mineração

Fazendas de mineração são instalações que abrigam um grande número de computadores configurados especificamente para minerar criptomoedas. Esses computadores trabalham juntos para resolver problemas matemáticos complexos e adicionar novos blocos à blockchain.

Mineração em Nuvem

Na mineração em nuvem, aluga-se poder de computação de fornecedores externos para minerar criptomoedas, sem possuir hardware. Participa-se das moedas mineradas, mas não há custos com hardware, manutenção ou eletricidade. A rentabilidade depende das taxas do fornecedor.

TH/s

TH/s significa Tera-Hashes por segundo e é uma unidade de medida para o poder de computação na mineração de criptomoedas. Indica quantos cálculos podem ser realizados por segundo para encontrar novos blocos na blockchain.

Distribuição de Hashrate de Mineração em Nuvem

Comparação da taxa de hash oferecida por diferentes provedores de mineração em nuvem.

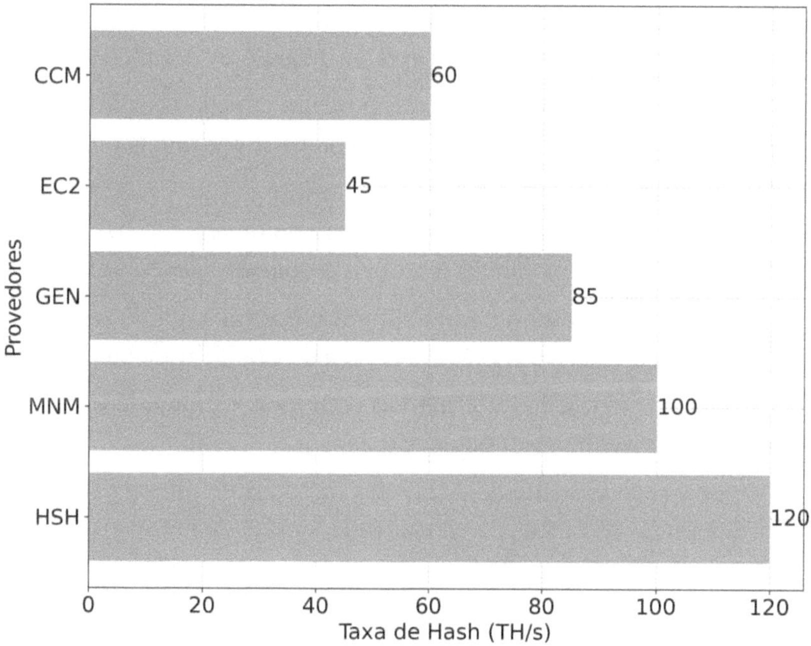

CCM: Mineração CloudComp

EC2: Mineração EC2

GEN: Mineração Genesis

HSH: Hashnest

MNM: Minergate

O gráfico destaca diferenças significativas na taxa de hash oferecida por vários provedores de mineração em nuvem. Escolher um provedor com uma taxa de hash mais alta pode levar a maiores recompensas de mineração, assumindo que todos os outros fatores, como taxas e tempo de atividade, sejam iguais. A variação sugere potenciais diferenças nos preços e termos do contrato.

Conselhos concretos

- Monitore os preços da energia em diferentes regiões e otimize sua estratégia de mineração com base nos custos de eletricidade.
- Experimente diferentes soluções de software de mineração e compare sua eficiência em relação à taxa de hash e ao consumo de energia.
- Monte um pequeno rig de mineração com placas gráficas usadas para adquirir experiência prática com o hardware e os desafios associados.
- Desenvolva um sistema de monitoramento para seu hardware de mineração que o informe automaticamente sobre falhas ou quedas de desempenho.
- Otimize o resfriamento do seu hardware de mineração para prolongar a vida útil dos componentes e reduzir o consumo de energia.
- Troque ideias com outros mineradores em fóruns online sobre possibilidades de otimização e novos métodos de mineração.
- Pesquise criptomoedas alternativas com menor dificuldade de mineração e avalie seu potencial.
- Calcule a rentabilidade de diferentes métodos de mineração considerando os custos de eletricidade, custos de hardware e a recompensa atual por bloco.
- Acompanhe o desenvolvimento de novos hardwares para mineração de criptomoedas e avalie sua eficiência e rentabilidade em comparação com soluções existentes.
- Utilize o poder de processamento do seu computador pessoal para mineração em segundo plano, quando não estiver sendo utilizado para outras atividades (por exemplo, à noite).

3. 2 Hardware

Do processador simples ao ASIC especializado – a escolha de hardware influencia significativamente a eficiência e a rentabilidade da mineração de criptomoedas. O consumo de energia, o resfriamento e a largura de banda de memória são tão decisivos quanto o poder de computação. O desenvolvimento do hardware de mineração, desde CPU, GPU e FPGA até ASIC, reflete a crescente demanda por desempenho otimizado. Além da seleção dos componentes corretos, a configuração e a otimização, como overclocking e undervolting, desempenham um papel importante. A influência do algoritmo de mineração e a dinâmica do mercado de hardware exigem um planejamento cuidadoso de cada investimento. Descubra neste capítulo qual hardware é mais adequado para seus objetivos de mineração e como alcançar a máxima eficiência.

A escolha do hardware de mineração depende de vários fatores, incluindo a criptomoeda a ser minerada, o orçamento, os objetivos de longo prazo e a relação entre poder de processamento e consumo de energia.

Processadores

Processadores desempenham um papel crucial na mineração de criptomoedas. No início, utilizavam-se CPUs, mas seu alto consumo de energia e desempenho computacional relativamente baixo limitavam a eficiência. [s19] Placas gráficas (GPUs) ofereceram uma melhoria significativa devido à sua capacidade de processamento paralelo e memória dedicada. [s19] Para otimizar ainda mais o desempenho das GPUs, técnicas como overclocking, ou seja, o aumento das frequências de clock além das especificações do fabricante, e subvoltagem, que é a redução da tensão de alimentação, foram empregadas. [s19] O overclocking aumenta o desempenho computacional, mas também eleva o consumo de energia e a geração de calor. A subvoltagem, por outro lado, reduz o consumo de energia, idealmente sem grandes perdas de desempenho. Uma combinação de overclocking e subvoltagem pode, assim, melhorar a eficiência da mineração e ao mesmo tempo reduzir os custos de energia. [s19] Essa necessidade de otimização destaca a importância da relação entre desempenho computacional e consumo de energia, que deve ser sempre considerada na escolha de hardware. O desenvolvimento do hardware de mineração pode ser dividido em quatro gerações: CPU, GPU, FPGA (Field Programmable Gate Array) e ASIC (Application Specific Integrated Circuit). [s20] Cada geração trouxe um aumento na taxa de hash, ou seja, a velocidade de cálculo na mineração, mas também mudanças no consumo de energia. [s20] A mineração começou em 2009 com CPUs, seguida por GPUs a partir de setembro de 2010. [s20] Os FPGAs surgiram em dezembro de 2011 e ofereceram pela primeira vez hardware desenvolvido especificamente para mineração. [s20] Finalmente, a partir de 2013, os ASICs dominaram o mercado, pois alcançaram uma taxa de hash significativamente maior devido à sua arquitetura personalizada. [s20] Enquanto a taxa de hash e os custos de aquisição do hardware aumentavam, os custos por unidade de hash

gerada diminuíam. [s20] A crescente complexidade e a competição na mineração levaram à formação de miningpools, onde mineradores combinam seus recursos para aumentar as chances de sucesso na mineração. [s19] [s20] Quem hoje considera investir em hardware de mineração deve examinar cuidadosamente os desenvolvimentos atuais e a rentabilidade de várias opções de hardware, pois o cenário está em constante mudança.

Circuito Integrado de Aplicação Específica [i13]

Placa de vídeo [i14]

Bom saber

Subvoltagem

A redução da tensão de alimentação de um componente de hardware para diminuir o consumo de energia. Idealmente, isso ocorre sem perdas significativas de desempenho e pode, em combinação com overclocking, melhorar a eficiência da mineração.

Eficiência do Processador para Mineração de Cripto

Preço, desempenho e eficiência dos processadores populares de mineração de cripto.

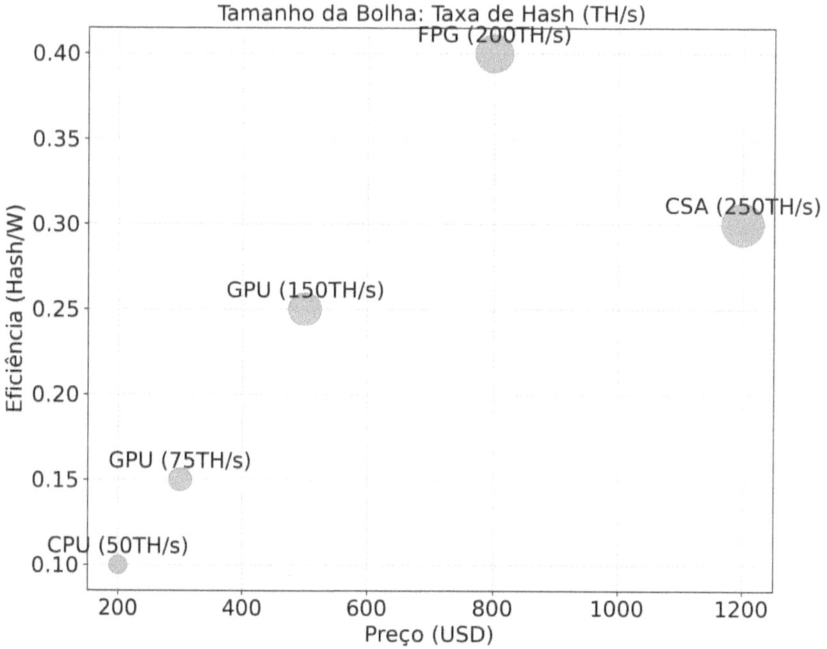

Blasengröße: Taxa de Hash (TH/s)

CPU: CPU de Nível de Entrada

CSA: Minerador CSA

FPG: Minerador FPG

GPU: GPU de Médio Alcance

Processadores de alto desempenho geralmente têm um preço mais alto. No entanto, alguns processadores oferecem um bom equilíbrio entre desempenho e preço, tornando-os ideais para mineradores que buscam custo-benefício. Processadores com tamanhos de bolha maiores oferecem taxas de hash mais altas, indicando melhor desempenho de mineração. Os mineradores devem considerar as compensações entre preço, desempenho e eficiência para maximizar a lucratividade.

Placas de Vídeo

Placas de vídeo (GPUs) foram a segunda geração de hardware utilizada para a mineração de criptomoedas, após CPUs, e ofereceram vantagens decisivas devido à sua arquitetura. Ao contrário das CPUs, que são otimizadas para tarefas de computação gerais, as GPUs se destacam por um alto número de núcleos de processamento que podem operar em paralelo. Essa capacidade de processamento paralelo é ideal para os cálculos necessários na mineração, que muitas vezes se repetem e podem ser executados simultaneamente. Outro benefício das GPUs é sua memória dedicada, que permite acesso rápido aos dados necessários para os cálculos. No entanto, a escolha da GPU adequada é mais complexa do que a simples consideração do poder de processamento. Fatores como consumo de energia, resfriamento e largura de banda de memória também desempenham um papel crucial na eficiência e rentabilidade da mineração. Um minerador que, por exemplo, escolhe uma GPU com alto poder de processamento, mas também alto consumo de energia, pode acabar obtendo menos lucro do que alguém com uma placa mais eficiente em termos de energia. Portanto, é aconselhável comparar diferentes modelos antes de comprar uma GPU e avaliar suas especificações em relação ao consumo de energia. Além da escolha do hardware certo, a configuração da GPU também é importante para alcançar o desempenho ideal. Isso inclui, entre outros, o ajuste das frequências de clock e da velocidade do ventilador, bem como o monitoramento da temperatura. Se esses parâmetros não forem ajustados corretamente, isso pode resultar em desempenho reduzido ou até mesmo danos ao hardware. Um aspecto importante na escolha de uma GPU é a disponibilidade e o preço. A demanda por GPUs de alto desempenho pode variar bastante, levando a aumentos de preços e escassez de suprimentos. Portanto, é recomendável monitorar o mercado regularmente e, se necessário, considerar modelos alternativos. O valor de revenda da GPU também deve ser levado em conta na decisão de compra, uma vez que a tecnologia na área de mineração evolui rapidamente e modelos mais antigos podem perder valor rapidamente. Outro fator que influencia a escolha da GPU é o algoritmo de mineração da criptomoeda. Nem todos os algoritmos podem ser calculados igualmente bem com qualquer GPU. Alguns algoritmos favorecem GPUs com alto poder de processamento, enquanto outros dependem mais da largura de banda de memória. Portanto, deve-se informar sobre qual algoritmo é utilizado para a criptomoeda desejada e quais GPUs são mais adequadas antes de comprar uma GPU. Considerando todos esses fatores, um minerador pode escolher a GPU ideal para suas necessidades e maximizar a eficiência e rentabilidade de sua operação de mineração.

Núcleo de processamento [i15]

Largura de banda da memória [i16]

Bom saber

Algoritmo de Mineração

Um conjunto de regras e cálculos usados para criar novos blocos na blockchain de uma criptomoeda e verificar transações. Diferentes criptomoedas utilizam algoritmos diferentes, que preferem diferentes hardwares.

Capacidade de Processamento Paralelo

A capacidade de uma GPU de realizar muitos cálculos simultaneamente. Isso é crucial para a mineração, pois os cálculos necessários muitas vezes podem ser repetidos e executados em paralelo.

CPU

CPUs (Unidades Centrais de Processamento) são os processadores principais dos computadores e foram utilizados no início da mineração de criptomoedas, antes que as GPUs se tornassem mais eficientes devido à sua capacidade de processamento paralelo.

Núcleo de Processamento

Núcleos de processamento são as unidades de processamento individuais dentro de uma CPU ou GPU. Quanto mais núcleos de processamento uma GPU tiver, mais cálculos paralelos ela pode realizar, aumentando a velocidade da mineração.

Velocidade do Ventilador

A velocidade com que os ventiladores da GPU giram para dissipar o calor gerado. Um resfriamento adequado é importante para evitar danos ao hardware.

Desempenho de Mineração de GPU (MH/s)

Taxa de Hash Relativa do Ethereum

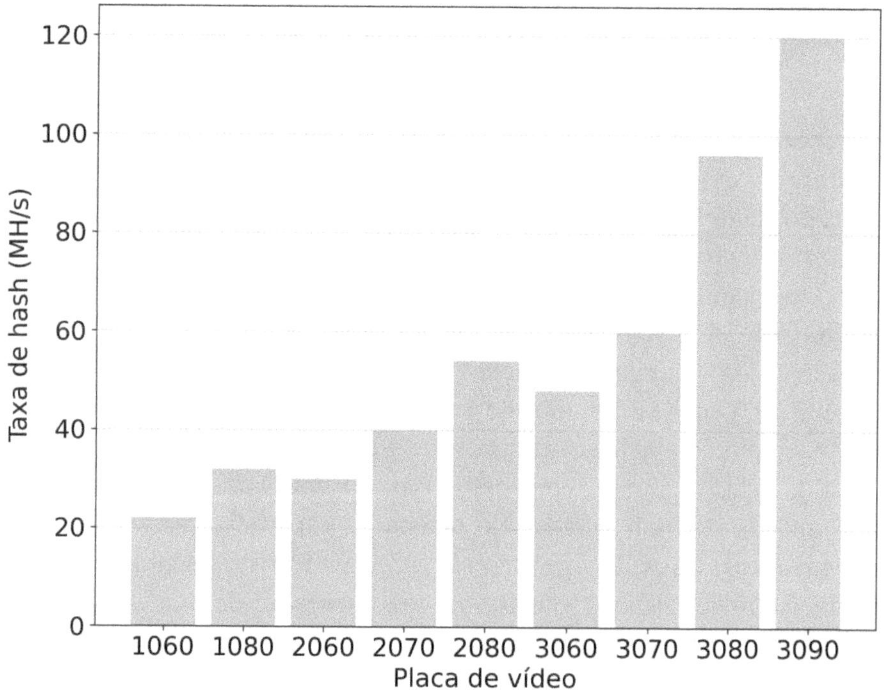

1060: GTX 1060 6GB

1080: GTX 1080

2060: RTX 2060

2070: RTX 2070

2080: RTX 2080 Ti

3060: RTX 3060

3070: RTX 3070

3080: RTX 3080

3090: RTX 3090

O gráfico destaca as disparidades significativas de desempenho entre várias GPUs para mineração de Ethereum. A RTX 3090 demonstra a maior taxa de hash, tornando-a uma escolha desejável para mineradores. Por outro lado, modelos mais antigos como a GTX 1060 oferecem um desempenho consideravelmente menor. Esses dados destacam a importância da seleção da GPU para a lucratividade da mineração.

Hardware Especializado

Hardware especializada para a mineração de criptomoedas vai além do uso de processadores e placas gráficas convencionais, incluindo dispositivos dedicados que foram projetados especificamente para essa tarefa. Essas unidades, chamadas de ASICs (Circuitos Integrados de Aplicação Específica), oferecem uma taxa de hash e eficiência energética significativamente superiores em comparação com hardware universal. Um ASIC é ajustado para um miningalgorithmus específico, permitindo que ele realize cálculos muito mais rapidamente do que uma GPU, que é projetada para uma gama mais ampla de tarefas. Essa especialização resulta em uma vantagem significativa em termos de velocidade e consumo de energia, impactando diretamente a rentabilidade da mineração. Um ASIC otimizado para o algoritmo SHA-256 do Bitcoin, por exemplo, pode hash milhares de vezes mais rápido do que uma placa gráfica de alto desempenho, com um consumo de energia menor por unidade de hash gerada. No entanto, a especialização também traz desvantagens. Os ASICs geralmente são mais caros de adquirir e menos flexíveis em seu uso. Se o algoritmo de mineração de uma criptomoeda mudar, o ASIC pode se tornar obsoleto. Além disso, o poder de computação, devido ao uso de ASICs, muitas vezes se concentra em grandes miningfarmen, o que pode afetar a descentralização da rede. Além dos ASICs, existem também FPGAs (Field Programmable Gate Arrays), uma espécie de intermediário entre hardware universal e ASICs. Os FPGAs podem ser configurados para diferentes algoritmos de mineração, oferecendo assim mais flexibilidade do que os ASICs, mas não alcançando seu desempenho. A escolha do hardware especializado adequado depende de vários fatores, incluindo a criptomoeda a ser minerada, o orçamento e os objetivos de longo prazo. Uma análise cuidadosa do mercado e dos algoritmos relevantes é essencial antes de investir em hardware especializado. A combinação de overclocking e subtensão pode

melhorar significativamente a eficiência de mineração das unidades de processamento gráfico e aumentar a rentabilidade, como mostram estudos. No entanto, essas técnicas de otimização devem ser aplicadas com cautela, pois podem sobrecarregar o hardware e causar danos se não forem realizadas corretamente. Portanto, um conhecimento sólido do próprio hardware e de suas limitações é essencial.

Bom saber

Processador

Processadores, ou CPUs, são as unidades centrais de computação dos computadores. Eles podem ser usados para mineração, mas são significativamente menos eficientes em comparação com placas gráficas e ASICs.

Subtensão

Subtensão reduz a tensão do hardware para diminuir o consumo de energia. Em combinação com overclocking, isso pode otimizar a eficiência de mineração.

Eficiência de Hash ao Longo do Tempo

Melhoria na eficiência de hash do hardware de mineração especializado.

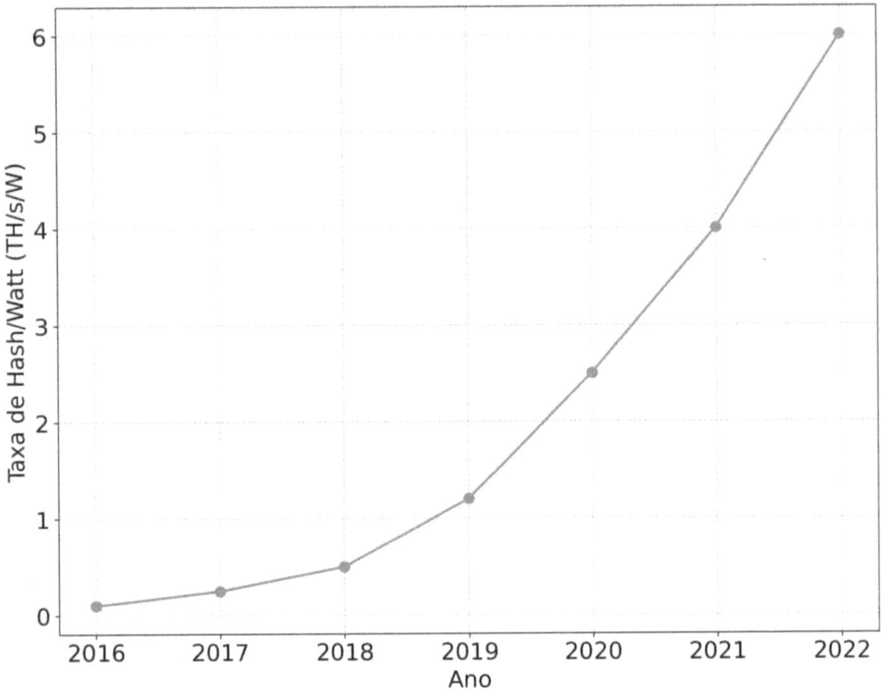

O gráfico demonstra um aumento consistente na eficiência de hash ao longo do tempo. Isso sugere avanços tecnológicos e otimizações em hardware especializado para mineração de criptomoedas, levando a mais hashes por unidade de energia consumida. Essa tendência pode indicar maior lucratividade para os mineradores e um impacto potencial na taxa de hash geral da rede.

Conselhos concretos

- Configure seu hardware de mineração para operar em modo de baixo consumo de energia, a fim de reduzir o consumo elétrico e aumentar a vida útil dos componentes.
- Explore maneiras de reutilizar o calor residual do seu hardware de mineração, por exemplo, para aquecer ambientes ou água.
- Experimente com ajuste dinâmico de clock e controle de tensão para adaptar o desempenho do seu hardware às condições atuais de mineração.
- Desenvolva um sistema para ajuste automatizado dos parâmetros de mineração com base na carga da rede e no nível de dificuldade.
- Construa sistemas redundantes para minimizar o tempo de inatividade do seu hardware de mineração e garantir um desempenho contínuo.
- Considere o uso de refrigeração líquida para seu hardware de mineração, a fim de alcançar uma dissipação de calor mais eficiente e maiores potenciais de overclocking.
- Pesquise fornecedores especializados de hardware de mineração com versões de BIOS otimizadas e garantias para operação contínua.
- Compare a eficiência de diferentes fontes de alimentação em relação à eficiência e estabilidade do fornecimento de energia para seu hardware de mineração.
- Otimize a circulação de ar em seu espaço de mineração para garantir um resfriamento uniforme de todos os componentes e evitar pontos quentes.

3. 3 Rentabilidade

A mineração de criptomoedas promete lucros, mas apresenta desafios complexos. Os custos de energia, a manutenção de hardware e aspectos fiscais influenciam significativamente a rentabilidade. Desde a eficiência do hardware até os preços regionais da eletricidade e a utilização do calor residual – cada fator desempenha um papel. O cálculo do retorno real exige mais do que uma simples demonstração de resultados. Além dos custos operacionais, é necessário considerar também os rendimentos de capital, depreciações e outras implicações fiscais. Apenas uma visão holística garante decisões de investimento fundamentadas. Prepare-se para entender os fatores decisivos para uma mineração de criptomoedas lucrativa e maximizar suas chances de sucesso.

A rentabilidade da mineração de criptomoedas não depende apenas das receitas e dos custos diretos com energia e hardware, mas é influenciada por uma variedade de fatores, incluindo custos indiretos de energia (refrigeração, infraestrutura), esforço de manutenção (manutenção, software), impostos e condições locais (preços da energia, clima). Uma análise abrangente de custo-benefício que considere todos esses aspectos é crucial para uma avaliação realista da viabilidade econômica.

Custos de Energia

Os custos de energia desempenham um papel crucial na mineração de criptomoedas, influenciando a rentabilidade e, portanto, devem ser cuidadosamente avaliados pelos investidores. O consumo de eletricidade para operar o hardware de mineração, especialmente em mecanismos de Proof-of-Work como o Bitcoin, pode ser considerável. Esses custos dependem de vários fatores, incluindo o preço da eletricidade na região, a eficiência do hardware de mineração e a dificuldade da mineração. Assim, mineradores em regiões com preços baixos de eletricidade, como algumas partes da América do Norte ou da Ásia Central, podem ter uma vantagem de custo em relação aos mineradores em regiões com altos custos de energia. A otimização constante do hardware para eficiência energética é, portanto, um aspecto importante para os mineradores se manterem competitivos. Novos mining rigs frequentemente oferecem uma melhor relação entre poder de processamento e consumo de energia, resultando em custos operacionais mais baixos. Além dos custos diretos de eletricidade para operar o hardware de mineração, os custos indiretos de energia também devem ser considerados. Isso inclui o resfriamento do hardware, especialmente em climas mais quentes, bem como o fornecimento de energia para a infraestrutura necessária para operar as fazendas de mineração. Em regiões quentes, o resfriamento pode representar uma parte significativa dos custos totais de energia. No entanto, um resfriamento eficaz é essencial para garantir a longevidade do hardware e evitar falhas. Uma maneira inovadora de reduzir os custos de energia da mineração enquanto gera um benefício adicional é a utilização do calor residual. O calor gerado durante a mineração pode ser utilizado, por exemplo, para aquecer estufas. Nos setores agrícolas, os custos de aquecimento, especialmente para gás natural, representam entre 10% e 35% dos custos totais. Ao aproveitar o calor residual do hardware de mineração, esses custos podem ser reduzidos e, ao mesmo tempo, a produtividade das estufas pode ser aumentada, através de uma possível ampliação da área cultivada. A rentabilitaet dessa abordagem depende

de fatores como os custos de eletricidade para a mineração e o preço de mercado da criptomoeda. Em regiões com baixos preços de eletricidade e altos preços de criptomoedas, a combinação de mineração e aquecimento de estufas é particularmente atraente. Assim, os mineradores podem não apenas reduzir seus custos de energia, mas também gerar receitas adicionais através da venda de produtos agrícolas. Uma análise cuidadosa das condições locais, como preços de eletricidade, clima e preços de mercado para produtos agrícolas, é crucial para avaliar a viabilidade econômica dessa abordagem.

Estufa [i17]

Custos de Eletricidade para Mineração de Bitcoin

Comparação dos custos de eletricidade para mineração de Bitcoin em diferentes regiões.

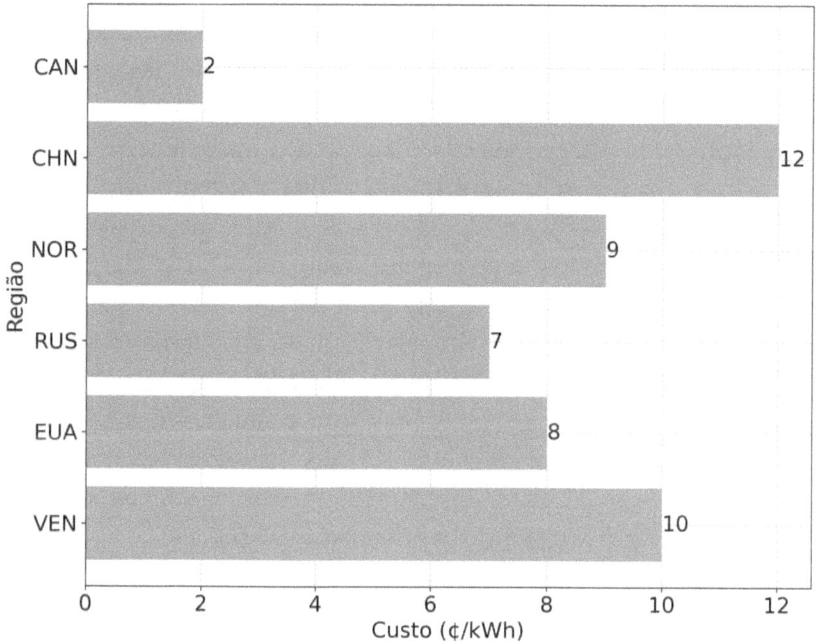

CAN: Canadá

CHN: China

EUA: EUA

NOR: Noruega

RUS: Rússia

VEN: Venezuela

O gráfico de barras horizontais ilustra claramente disparidades significativas nos custos de eletricidade para mineração de Bitcoin em várias regiões. Regiões com custos mais baixos são potencialmente mais lucrativas para mineradores, enquanto aquelas com custos mais altos podem enfrentar rentabilidade reduzida. Isso enfatiza a importância da localização na determinação da viabilidade econômica das operações de mineração de Bitcoin.

Esforço de Manutenção

O esforço de manutenção na mineração de criptomoedas abrange, além dos custos de energia, outros fatores que influenciam a rentabilitaet. A manutenção do hardware de mineração é um processo contínuo. Inspeções e reparos regulares são necessários para manter os dispositivos em funcionamento e minimizar o tempo de inatividade. Peças de desgaste, como ventiladores, devem ser substituídas ocasionalmente. Os custos de peças de reposição e o esforço de trabalho para a manutenção devem ser considerados. Atualizações de software também fazem parte do esforço de manutenção. O software de mineração e o firmware do hardware precisam ser atualizados regularmente para otimizar o desempenho e corrigir vulnerabilidades de segurança. Esse processo requer tempo e conhecimento técnico para evitar problemas de compatibilidade. Um plano de manutenção bem elaborado, que inclua inspeções regulares, substituição oportuna de peças de desgaste e atualizações de software, pode ajudar a prolongar a vida útil do hardware e maximizar a eficiência da operação de mineração. Além disso, os custos da infraestrutura que suporta o sistema de mineração, como servidores, dispositivos de rede e sistemas de refrigeração, também podem ser considerados parte do esforço de manutenção. [s21] Esses componentes de infraestrutura também necessitam de manutenção e reparos regulares. Uma infraestrutura mal mantida pode levar a falhas no sistema e perda de dados. Portanto, uma infraestrutura confiável e bem mantida é crucial para uma operação de mineração estável e lucrativa. Entre outras coisas, a implementação de um sistema redundante, onde componentes críticos estão duplicados, pode minimizar o tempo de inatividade e aumentar a segurança operacional.

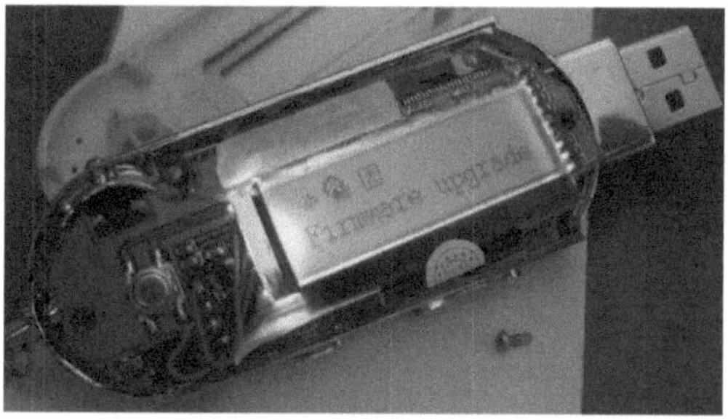

Firmware [i18]

Sistema de refrigeração [i19]

Dispositivo de rede [i20]

Bom saber

Infraestrutura

A infraestrutura no contexto da mineração abrange todos os sistemas e instalações de suporte necessários para a operação do hardware de mineração. Isso inclui fornecimento de energia, conexões de rede, refrigeração e servidores. Uma infraestrutura estável e eficiente é crucial para uma operação de mineração ininterrupta e influencia a rentabilidade.

Manutenção

A manutenção no contexto da mineração de criptomoedas refere-se a todas as medidas tomadas para manter o hardware de mineração funcional e eficiente. Isso inclui inspeções regulares, limpeza, reparos e substituição de peças de desgaste, a fim de maximizar a vida útil dos dispositivos e minimizar o tempo de inatividade. A manutenção eficaz contribui para a rentabilidade da mineração.

Redundância

A redundância em relação à mineração significa que componentes importantes do sistema estão duplicados para evitar tempo de inatividade. Se um componente falhar, o componente redundante assume sua função. Sistemas redundantes aumentam a confiabilidade e, assim, contribuem para a rentabilidade, minimizando perdas potenciais devido a falhas.

Distribuição de Custos da Participação em Bitcoin

Ilustra os custos relativos associados à negociação e mineração de Bitcoin.

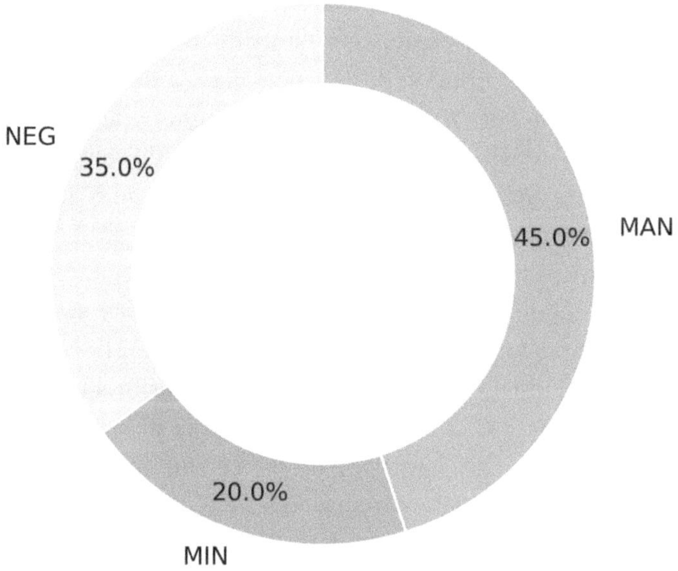

- MAN: Manutenção (Mineração e Infraestrutura)
- MIN: Mineração (Hardware e Energia)
- NEG: Negociação (Taxas e Volatilidade)

A visualização revela que a manutenção representa uma parte substancial do custo geral, sugerindo potenciais economias de escala para operações maiores. O custo da negociação, embora significativo, é menor que a manutenção, indicando que as taxas e a volatilidade dos preços podem impactar a lucratividade. Os custos de mineração, embora presentes, formam uma parte menor do gráfico, possivelmente refletindo ajustes de dificuldade e custos de energia.

Cálculo de Retorno

O cálculo de retorno no mining de criptomoedas é mais complexo do que a simples comparação entre receitas e despesas com eletricidade e hardware. Uma visão completa requer a consideração de todos os fatores de custo e também das implicações fiscais. Além dos já mencionados custos de energia e manutenção, os impostos também influenciam a rentabilidade total. [s22] Os lucros obtidos com a negociação de criptomoedas, como o Bitcoin, devem ser tributados como ganhos de capital. [s22] A diferença entre o custo de aquisição e o preço de venda forma a base de cálculo. [s22] Se você mantiver suas criptomoedas por mais de um ano, quaisquer lucros são isentos de impostos. Embora as moedas digitais estejam isentas de imposto sobre valor agregado quando usadas como meio de pagamento, as transações realizadas com elas devem suportar o imposto sobre valor agregado. [s22] Além disso, as criptomoedas estão sujeitas ao imposto sobre patrimônio, imposto sobre heranças e doações. [s22] Esses aspectos fiscais devem ser considerados em qualquer cálculo de retorno para obter um resultado realista. Um registro detalhado de todas as transações, incluindo preços de compra e venda, bem como taxas associadas, é essencial para a declaração de impostos correta. Isso permite que potenciais benefícios fiscais sejam otimizados e os riscos financeiros minimizados. Além disso, os mineradores podem utilizar o calor residual de seu hardware para aquecer, por exemplo, estufas, reduzindo assim custos, o que influencia positivamente a rentabilidade. [s23] A rentabilidade desse método depende da localização, pois a economia de custos em comparação com sistemas de aquecimento tradicionais varia. [s23] Portanto, uma análise de custo-benefício detalhada que considere as condições locais é aconselhável.

Análise de custo-benefício

Uma análise de custo-benefício compara os custos do mining (por exemplo, eletricidade, hardware) com os benefícios (por exemplo, valor dos Bitcoins minerados) para avaliar a viabilidade econômica.

Base de cálculo

A base de cálculo para a tributação dos lucros provenientes da venda de Bitcoins é a diferença entre o preço de compra e o preço de venda.

Ganhos de capital

Ganhos de capital são lucros obtidos pela venda de investimentos, como o Bitcoin. Eles estão sujeitos à tributação, a menos que o investimento seja mantido por mais de um ano.

Imposto sobre heranças e doações

Como outros ativos, as criptomoedas estão sujeitas ao imposto sobre heranças e doações quando são herdadas ou doadas.

Retorno do investimento em Bitcoin ao longo do tempo

Desenvolvimento ilustrativo do retorno do investimento em Bitcoin em um período de 5 anos.

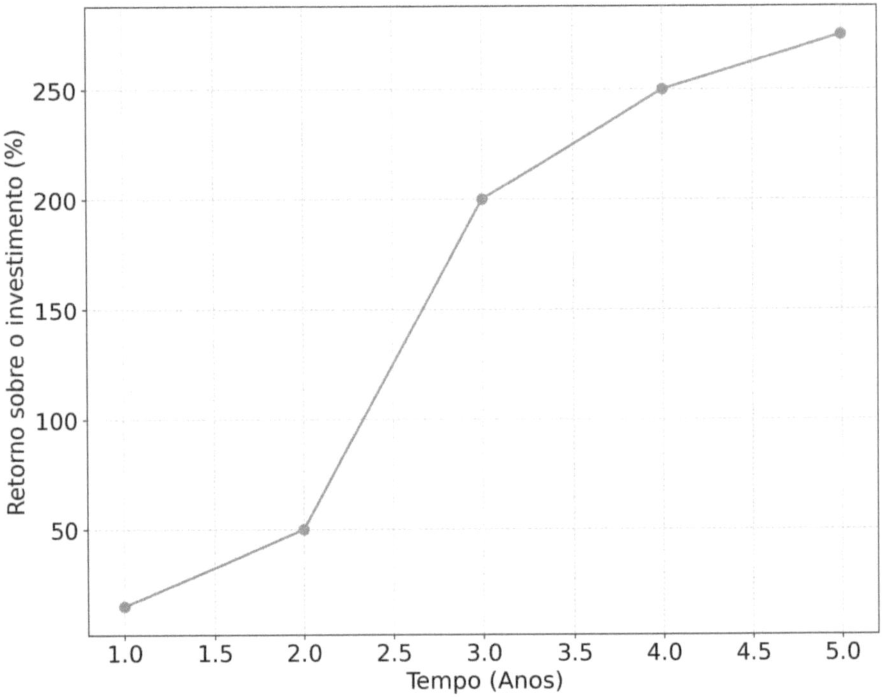

Este gráfico mostra um cenário hipotético de investimento em Bitcoin. O período inicial mostra um crescimento lento, seguido por um período de rápida valorização e, finalmente, um platô sugerindo estabilização do mercado. Isso destaca o potencial de altos retornos, mas também a volatilidade inerente aos investimentos em criptomoedas. O desempenho passado não é indicativo de resultados futuros.

Conselhos concretos

- Negocie com seu fornecedor de energia uma tarifa individual para sua operação de mineração, a fim de se beneficiar de condições mais favoráveis.
- Verifique a viabilidade econômica da mineração em nuvem para reduzir os custos de investimento em hardware e infraestrutura.
- Forme uma cooperativa de mineração com outros mineradores para compartilhar custos e aproveitar sinergias na aquisição de hardware e energia.
- Especialize-se na mineração de criptomoedas menos conhecidas, com menor concorrência e potencialmente maiores retornos.
- Utilize o calor residual do seu hardware de mineração para secar produtos agrícolas ou gerar calor de processo para aplicações industriais.
- Desenvolva um modelo de negócios que combine a mineração de criptomoedas com outros serviços, como a operação de um centro de dados ou a provisão de infraestrutura de blockchain.
- Alugue espaços comerciais não utilizados em regiões com baixos custos de energia para estabelecer sua operação de mineração.
- Invista no desenvolvimento de seu próprio hardware de mineração para obter uma vantagem tecnológica sobre a concorrência.
- Participe de projetos de pesquisa para desenvolver algoritmos e hardware de mineração mais eficientes em termos de energia.
- Analise o mercado de hardware de mineração usado e aproveite oportunidades de compra favoráveis para reduzir seus custos de investimento.

Revisão - 3. Mineração de Criptomoedas

A mineração de criptomoedas pode ser uma oportunidade fascinante e potencialmente lucrativa de participar do ecossistema cripto. No entanto, antes de mergulhar nesse mundo, é importante considerar cuidadosamente os diferentes métodos de mineração e os desafios associados. A escolha entre mineração solo e a adesão a um pool de mineração é uma decisão fundamental. A mineração solo promete a recompensa total do bloco, mas requer uma taxa de hash significativa e a disposição de suportar períodos mais longos sem pagamento. Para a maioria dos iniciantes e mineradores com capacidade de computação limitada, um pool de mineração é a opção mais sensata. Aqui, você se beneficia de pagamentos regulares, embora menores, que tornam sua receita mais previsível. Ao escolher um pool, você deve considerar fatores como tamanho, taxas e modelo de pagamento. Comparar diferentes pools ajuda a encontrar o compromisso ideal entre frequência e valor dos pagamentos.

Além da escolha do método de mineração, a seleção do hardware adequado é crucial para o seu sucesso. Enquanto CPUs e GPUs dominaram no início da mineração, os ASICs se estabeleceram como a opção mais poderosa e eficiente. No entanto, os ASICs são mais caros de adquirir e especializados em um algoritmo específico, o que os torna menos flexíveis. FPGAs oferecem uma alternativa com maior flexibilidade, mas não alcançam a taxa de hash dos ASICs. Ao tomar sua decisão, considere não apenas os custos de aquisição, mas também o consumo de energia, os requisitos de resfriamento e a vida útil potencial do hardware. Técnicas de otimização, como overclocking e undervolting, podem aumentar a eficiência do seu hardware, mas devem ser aplicadas com cautela e após uma pesquisa cuidadosa para evitar danos.

A mineração em nuvem oferece uma entrada alternativa na mineração de criptomoedas, sem a necessidade de investir em hardware. Aqui, você aluga poder de computação de um provedor e recebe pagamentos proporcionais. Embora essa abordagem seja relativamente simples, também apresenta riscos. Preste atenção à seriedade do provedor, às condições contratuais transparentes e às previsões de lucro realistas. Compare as ofertas de diferentes provedores e considere fatores como taxas, duração do contrato e a taxa de hash oferecida. Lembre-se também de que, na mineração em nuvem, você depende da disponibilidade e das decisões do provedor.

A rentabilidade do seu empreendimento de mineração depende, em última análise, de uma variedade de fatores que você deve calcular cuidadosamente. Além dos custos de hardware, eletricidade e manutenção, a dificuldade da mineração, o preço atual da criptomoeda e aspectos fiscais também desempenham um papel. Elabore uma análise detalhada de custo-benefício que considere todos os fatores relevantes para avaliar realisticamente o retorno potencial. Pense também em maneiras inovadoras de aumentar a eficiência e reduzir custos, como o uso do calor residual para aquecer estufas. Com uma estratégia bem pensada e planejamento cuidadoso, você pode superar os desafios da mineração de criptomoedas e aproveitar as oportunidades deste mercado dinâmico.

4. Bitcoin e Ethereum

O que diferencia as duas principais criptomoedas, que juntas representam mais de 60% da capitalização total do mercado? O Bitcoin revolucionou a economia digital em 2009 como a primeira blockchain, enquanto o Ethereum, em 2015, criou novas possibilidades de aplicação com contratos inteligentes. As bases tecnológicas de ambos os sistemas apresentam tanto paralelos surpreendentes quanto diferenças fundamentais. Suas respectivas forças e limitações moldam até hoje o desenvolvimento de todo o mercado de criptomoedas. Neste capítulo, analisamos a arquitetura e o potencial dos dois principais protocolos de blockchain - e por que sua coexistência determinará o futuro dos valores digitais.

4. 1 Comparação de Rede

Bitcoin e Ethereum, as duas principais criptomoedas, diferem fundamentalmente em arquitetura e funcionamento. Esta comparação de redes destaca os aspectos centrais da velocidade de transação, consumo de energia e escalabilidade. As diferentes tecnologias influenciam a usabilidade, os custos e a pegada ecológica. O Bitcoin utiliza Proof-of-Work, enquanto o Ethereum está cada vez mais adotando Proof-of-Stake. Esses diferentes mecanismos de consenso têm consequências significativas para as redes. As respectivas estratégias para lidar com o aumento dos volumes de transação também diferem consideravelmente. Compreenda as diferenças para escolher a criptomoeda certa para suas necessidades. A comparação a seguir fornece o conhecimento necessário.

Na comparação de criptomoedas como Bitcoin e Ethereum, a escalabilidade é um fator decisivo. Além da velocidade de transação (TPS), é necessário considerar também a latência da rede, a capacidade de armazenamento e a largura de banda para avaliar o potencial de crescimento futuro.

Velocidade de Transação

A velocidade de transação, ou seja, o número de transações processáveis por unidade de tempo, é um fator decisivo na escolha de uma criptomoeda. Essa velocidade é medida em transações por segundo (TPS) e influencia tanto a usabilidade quanto a escalabilidade da rede. Enquanto sistemas de pagamento convencionais frequentemente processam milhares de TPS, muitas criptomoedas alcançam valores significativamente mais baixos. [s24] Algumas criptomoedas conseguem apenas até 30 TPS. [s24] Essa capacidade limitada pode levar a atrasos e taxas mais altas, especialmente em períodos de alta demanda na rede. Transferências podem levar horas em vez de segundos ou minutos, o que limita a viabilidade no dia a dia. Portanto, a velocidade de transação é um critério importante para avaliar a praticidade de uma criptomoeda. Uma abordagem promissora para melhorar a velocidade de transação são os Grafos Acíclicos Dirigidos (DAGs). [s24] Ao contrário da estrutura linear de uma blockchain, que processa transações sequencialmente, os DAGs permitem o processamento paralelo. [s24] Assim, as transações podem ser validadas e adicionadas simultaneamente, aumentando significativamente a capacidade e tornando a rede mais escalável. Com o aumento do número de nós ativos na rede, a velocidade de transação de um sistema puramente baseado em DAG também aumenta. [s24] Isso significa que quanto mais participantes, mais rápida a processamento – uma clara vantagem em relação a algumas tecnologias de Ledger Distribuído, que apresentam perda de desempenho com o aumento do número de nós. [s24] A latência, ou seja, o tempo até a confirmação final de uma transação, depende nos DAGs do número de cálculos de hash necessários, que é determinado pelo Score de Proof-of-Work. [s24] Um score alto pode aumentar a segurança, mas também prolongar a latência. Portanto, ao escolher uma criptomoeda baseada em DAG, preste atenção à relação entre Proof-of-Work, latência e velocidade de

transação. Um alto throughput com baixa latência é ideal. Informe-se sobre os detalhes técnicos da criptomoeda em questão antes de investir, para encontrar a solução que melhor atenda às suas necessidades.

Bom saber

Tecnologia de Ledger Distribuído
Tecnologias que distribuem dados de transação entre vários computadores para aumentar a segurança e a transparência. Ledgers distribuídos privados restringem o acesso a um grupo selecionado de participantes.

Score de Proof-of-Work
Um valor que representa o esforço (poder computacional) investido na validação de transações em um sistema de Proof-of-Work. Um score mais alto pode aumentar a segurança, mas também afetar a latência.

Transações por Segundo
Indica quantas transações uma rede de criptomoedas pode processar por segundo. Um valor TPS mais alto indica uma rede mais poderosa, mais adequada para uma ampla aceitação.

Comparação de Velocidade de Transação

TPS de várias redes

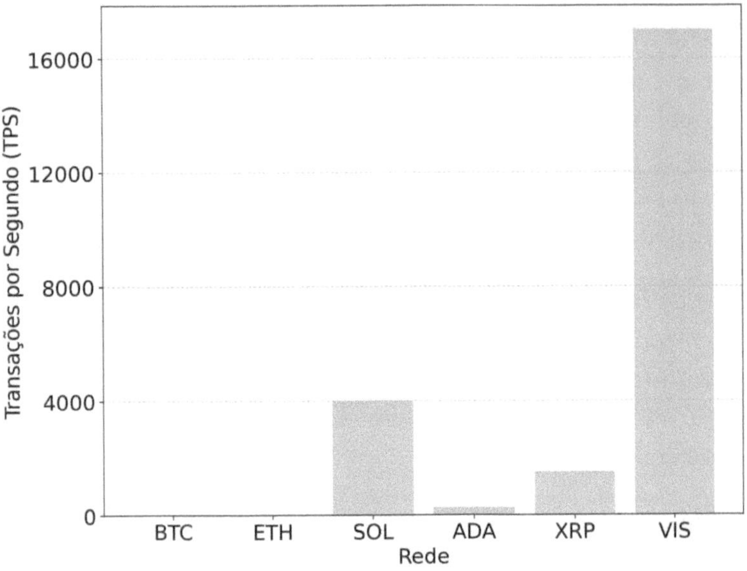

ADA: Cardano
BTC: Bitcoin
ETH: Ethereum
SOL: Solana
VIS: Visa
XRP: Ripple

Este gráfico destaca a disparidade significativa na taxa de transferência de transações em diferentes redes blockchain. O sistema centralizado da Visa demonstra um alto TPS, refletindo sua capacidade de lidar com um grande volume de transações. Embora algumas criptomoedas como Solana tenham um TPS impressionante em comparação com outras, elas ainda ficam aquém das capacidades da Visa. Essa diferença ressalta os desafios de escalabilidade enfrentados pelas redes descentralizadas e os esforços contínuos para melhorar a taxa de transferência de transações para uma adoção mais ampla.

Consumo de Energia

A demanda de energia das criptomoedas varia bastante e depende principalmente do mecanismo de consenso utilizado. Enquanto Proof-of-Work (PoW) – como utilizado pelo Bitcoin – requer um alto consumo de energia devido à resolução de problemas computacionais complexos, métodos alternativos como Proof-of-Stake (PoS) são significativamente mais econômicos. [s25] No PoS, a validação de transações não é garantida por poder computacional, mas sim pela posse e bloqueio de moedas. Essa diferença no processo de validação resulta em um consumo de energia consideravelmente menor em redes baseadas em PoS. A escolha de uma criptomoeda, portanto, influencia diretamente a pegada ecológica. Uma comparação da demanda de energia de diferentes criptomoedas antes de um investimento pode, portanto, ajudar a escolher uma opção mais sustentável.

ASIC [i21]

A eficiência energética do mining é outro fator importante. Hardware especializado, como ASICs (Circuitos Integrados de Aplicação Específica), oferece alta capacidade de processamento, mas também pode causar um alto consumo de energia. [s25] A seleção do hardware de mineração deve, portanto, ser cuidadosamente considerada, levando em conta a relação entre capacidade de processamento e consumo de energia. Aqueles que optam por dispositivos mais antigos e menos eficientes contribuem para um maior consumo total de energia da rede, ao mesmo tempo em que reduzem sua própria lucratividade. Não apenas o Bitcoin, mas também outras criptomoedas que utilizam PoW contribuem para o consumo global de energia. [s25] A consideração do consumo de energia deve, portanto, incluir todas as moedas e tokens mineráveis, a fim de obter uma visão abrangente dos impactos ecológicos. A capitalização de mercado de uma criptomoeda sozinha não é um indicador suficiente de sua demanda de energia. Algumas criptomoedas com capitalização de mercado relativamente baixa podem apresentar um consumo de energia desproporcionalmente alto devido a algoritmos ineficientes ou hardware de mineração obsoleto. Uma análise do consumo de energia por transação ou por bloco pode fornecer informações adicionais e melhorar a comparabilidade entre diferentes criptomoedas. Uma decisão de investimento informada deve considerar tanto aspectos financeiros quanto ecológicos.

Bom saber

ASIC

Circuitos Integrados de Aplicação Específica. Hardware especializado desenvolvido para a mineração de determinadas criptomoedas. Os ASICs oferecem alta capacidade de processamento, mas também podem ter um alto consumo de energia. A eficiência e o consumo de energia variam de acordo com o modelo e a criptomoeda minerada.

Proof-of-Stake

Um mecanismo de consenso onde a validação de transações ocorre através da posse e bloqueio (staking) da respectiva criptomoeda. Em comparação ao Proof-of-Work, o Proof-of-Stake requer significativamente menos energia, pois não é necessário utilizar poder computacional para resolver problemas complexos.

Proof-of-Work

Um mecanismo de consenso onde mineradores resolvem problemas computacionais complexos para validar transações e adicionar novos blocos à blockchain. O consumo de energia é maior em comparação a outros mecanismos, pois os mineradores precisam de muito poder computacional para ter sucesso na competição.

Consumo de Energia das Redes de Criptomoedas

Comparação do uso de energia entre diferentes redes de criptomoedas.

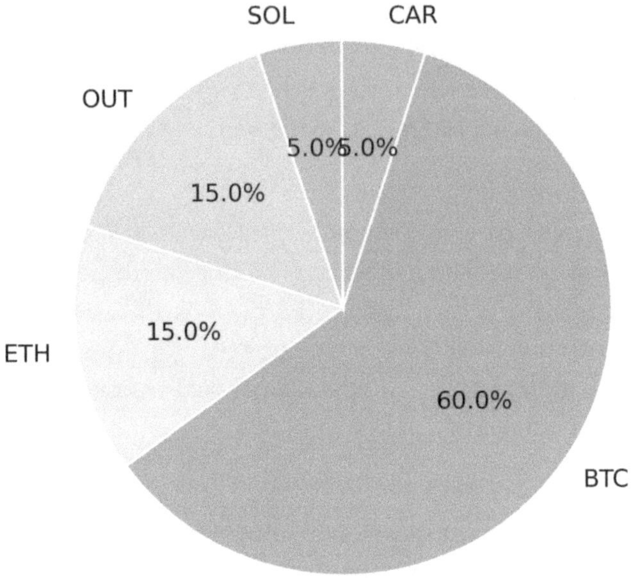

BTC: Bitcoin (PdT)

ETH: Ethereum (PdP)

SOL: Solana (PdH)

CAR: Cardano (PdP)

OUT: Outras Redes

O mecanismo de prova de trabalho do Bitcoin consome uma parte significativa da energia total, destacando a necessidade de mecanismos de consenso mais eficientes em termos de energia. Embora redes mais recentes como Cardano e Solana, baseadas em Prova de Participação, consumam consideravelmente menos energia, seus tamanhos gerais de rede e volumes de transações também são menores. Isso ilustra o desafio contínuo de equilibrar segurança e descentralização com sustentabilidade no espaço das criptomoedas.

Escalabilidade

A escalabilidade descreve a capacidade de uma rede de lidar com um volume crescente de transações sem sofrer perdas de desempenho. Um aspecto importante é a capacidade de transação, medida em transações por segundo (tps). Uma rede com baixa TPS pode ficar sobrecarregada em alta demanda, resultando em tempos de processamento mais longos e taxas mais altas. Várias abordagens tentam melhorar a escalabilidade. Além dos já mencionados DAGs, existem chamadas soluções de camada 2, que processam transações fora da blockchain principal e enviam apenas resultados agrupados para a cadeia principal. Um exemplo disso é a Lightning Network para Bitcoin. Um usuário que realiza regularmente pequenas transações em Bitcoin se beneficia das transações mais rápidas e baratas possibilitadas pela Lightning Network. Também as soluções de escalabilidade on-chain, como o aumento do tamanho do bloco ou a implementação do protocolo Segregated Witness (SegWit), podem aumentar a capacidade de transação diretamente na blockchain. Além da capacidade de transação pura, outros fatores influenciam a escalabilidade. A latência da rede, ou seja, o tempo que uma transação leva para ser confirmada na rede, é crucial para a experiência do usuário. Uma alta latência pode levar a atrasos em pagamentos e outras aplicações. A capacidade de armazenamento da rede também é relevante, pois todos os dados de transação precisam ser armazenados. Um volume de dados em constante crescimento pode aumentar as exigências sobre os operadores de nós e comprometer a descentralização da rede, se apenas alguns computadores poderosos puderem armazenar toda a blockchain. Outro ponto é a largura de banda, que descreve a taxa de transferência de dados na rede. Uma largura de banda insuficiente pode levar a gargalos e limitar a velocidade das transações. Ao avaliar a escalabilidade de uma criptomoeda, os investidores devem considerar não apenas o desempenho atual, mas também o potencial de crescimento futuro. Uma rede que hoje escala bem pode encontrar seus limites no futuro, se o número de usuários aumentar drasticamente. O desenvolvimento e a implementação de soluções de escalabilidade são, portanto, um processo contínuo. Preste atenção ao roadmap do projeto e às medidas planejadas para melhorar a escalabilidade durante sua pesquisa. Informe-se sobre a comunidade e os desenvolvedores por trás do projeto para avaliar sua competência e comprometimento nessa área. Uma equipe de desenvolvimento ativa e uma comunidade engajada são indicadores importantes da escalabilidade a longo prazo e do sucesso de uma criptomoeda. Compare diferentes projetos e suas abordagens para escalabilidade para identificar a criptomoeda que melhor se adapta à sua estratégia de investimento. A escalabilidade é um tema complexo com muitas facetas. Um entendimento profundo dos diferentes aspectos ajuda você a tomar decisões informadas e a avaliar melhor os riscos e oportunidades no mercado de criptomoedas.

Comparação de Escalabilidade de Rede

Comparação da taxa de transferência de transações para diferentes tipos de rede.

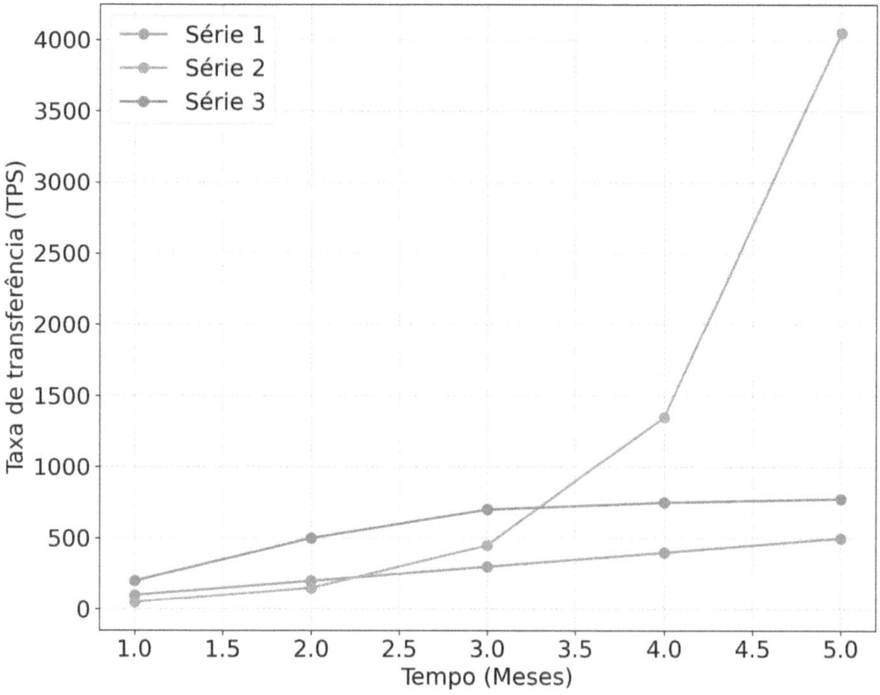

Este gráfico ilustra o potencial de crescimento e escalabilidade de diferentes redes. A Rede A demonstra um crescimento linear consistente, adequado para expansão estável. A Rede B exibe um crescimento exponencial, sugerindo potencial para escalonamento rápido e alta taxa de transferência de transações. A Rede C mostra um crescimento inicial rápido que se estabiliza, indicando limitações em sua escalabilidade após um certo ponto.

Conselhos concretos

- Compare o tempo médio de bloco do Bitcoin e do Ethereum e analise como isso influencia os tempos de confirmação das transações.
- Avalie os impactos das diferentes tamanhos de bloco do Bitcoin e do Ethereum na escalabilidade de ambas as redes.
- Crie uma tabela que compare os principais parâmetros de rede do Bitcoin e do Ethereum (por exemplo, taxas de transação, tempo de bloco, tamanho do bloco).
- Analise como a implementação de sharding no Ethereum afeta a velocidade das transações e a escalabilidade em comparação ao Bitcoin.
- Compare o desenvolvimento de endereços ativos em ambas as redes para estimar a atividade dos usuários e o potencial de crescimento.
- Examine as diferenças nos mecanismos de segurança de ambas as redes e avalie sua influência na vulnerabilidade a ataques.
- Observe a taxa de hash de ambas as redes ao longo de um período mais longo para avaliar a estabilidade e segurança de cada blockchain.
- Compare a descentralização de ambas as redes com base na distribuição de pools de mineração ou nós de staking.
- Analise as diferentes abordagens do Bitcoin e do Ethereum para lidar com o problema de escalabilidade e avalie suas perspectivas de sucesso a longo prazo.
- Compare o tamanho da comunidade e a atividade dos desenvolvedores de ambos os projetos para avaliar seu potencial de inovação e viabilidade futura.

4. 2 Áreas de Aplicação

Bitcoin e Ethereum oferecem muito mais do que apenas oportunidades de especulação. Esta seção destaca as áreas práticas de aplicação de ambas as criptomoedas, desde soluções básicas de pagamento até aplicações descentralizadas complexas. Desafios como escalabilidade, segurança e barreiras regulatórias são considerados, assim como o potencial para inovações em áreas como gestão de cadeias de suprimento, identidade digital e serviços financeiros descentralizados. Descubra o poder transformador do Bitcoin e do Ethereum e seu potencial para mudar fundamentalmente sistemas estabelecidos.

A tecnologia blockchain não apenas possibilita criptomoedas, mas também diversas aplicações, como processamento seguro de pagamentos, contratos automatizados e aplicativos descentralizados resistentes à censura, que aumentam a transparência e a eficiência em várias indústrias.

Transações de Pagamento

As criptomoedas oferecem novas possibilidades nas transações de pagamento, que se diferenciam dos sistemas tradicionais. Um aspecto central é a descentralização. As transações ocorrem diretamente entre as partes envolvidas, sem bancos ou outras instituições financeiras como intermediários [s26]. Isso permite que tanto as taxas de transação quanto os tempos de processamento sejam reduzidos. Outra vantagem reside na transparência. Todas as transações são registradas na blockchain, um livro-razão público, distribuído e à prova de fraudes. Isso aumenta a rastreabilidade e a confiança no sistema, uma vez que todos os participantes podem visualizar o histórico das transações [s26]. A tecnologia blockchain também minimiza o risco de duplas contagens, um problema que pode ocorrer em pagamentos digitais convencionais. Através do registro único e imutável de cada transação na blockchain, assegura-se que uma unidade de moeda digital não possa ser gasta mais de uma vez [s26]. As moedas digitais, que se baseiam na tecnologia blockchain, permitem transações seguras, transparentes e eficientes sem intermediários, o que reduz os custos de transação [s26]. A blockchain pode automatizar processos de contabilidade, levando a um aumento adicional da eficiência nas transações de pagamento [s26]. Além das transações de pagamento puras, as criptomoedas e a tecnologia blockchain subjacente oferecem potencial para outras aplicações no setor financeiro. Por exemplo, programas de fidelidade podem ser geridos através da blockchain. Isso torna a gestão de pontos de fidelidade mais segura e transparente, pois cada participante pode verificar a validade e o histórico de seus pontos. Disputas sobre saldos de pontos podem ser evitadas dessa forma [s26]. A gestão de identidade também pode ser aprimorada pela tecnologia blockchain. Os usuários podem compartilhar seus documentos de identidade de forma seletiva e segura com partes confiáveis, sem a necessidade de instâncias centrais [s26]. Uma empresa poderia automatizar a folha de pagamento através de smart_contracts. O pagamento dos salários ocorreria automaticamente assim que determinadas condições pré-definidas fossem atendidas. A blockchain melhora as capacidades de auditoria e relatórios das organizações, aumentando a qualidade do serviço [s26]. O uso da blockchain pode melhorar a eficiência no rastreamento e na monitorização através de um protocolo imutável [s26]. Um importador de vinhos, por exemplo, poderia documentar cada etapa do transporte de uma garrafa de vinho, desde a vinícola até a prateleira, na blockchain. Isso permite uma rastreabilidade completa e aumenta a transparência para o consumidor.

Bom saber

Folha de Pagamento

O processo de cálculo e pagamento de salários. Contratos inteligentes podem automatizar a folha de pagamento e torná-la mais eficiente.

Gestão de Identidade

A gestão e controle de identidades digitais. A blockchain pode melhorar a segurança e a privacidade na gestão de identidade, dando aos usuários controle sobre seus dados.

Programas de Fidelidade

Programas que recompensam os clientes por sua fidelidade com prêmios. As criptomoedas e a blockchain podem tornar a gestão de pontos de fidelidade mais segura e transparente.

Taxas de Transação

Taxas cobradas pela realização de transações com criptomoedas. Essas taxas podem variar dependendo da criptomoeda e das condições da rede e servem para compensar os mineradores que processam as transações.

Tempo de Processamento

O tempo necessário para confirmar uma transação de criptomoeda e registrá-la na blockchain. Esse tempo pode variar dependendo da criptomoeda e da carga da rede.

Contratos Inteligentes

Contratos Inteligentes (Smart Contracts) ampliam as possibilidades da blockchain além de transações puras e permitem a automação de processos complexos. Eles funcionam segundo o princípio "Se-Então": assim que as condições previamente estabelecidas são atendidas, o processo estipulado no contrato é executado automaticamente. Essa execução automatizada minimiza a necessidade de intermediários e aumenta a eficiência e a velocidade dos processos. Pense em um contrato de aluguel: assim que o pagamento do aluguel é creditado na conta do proprietário, o inquilino recebe automaticamente a chave digital do apartamento. Os contratos inteligentes também oferecem mais transparência e segurança, uma vez que todas as condições contratuais e seu cumprimento são documentados e armazenados de forma imutável na blockchain. A arquitetura de tais sistemas é construída em camadas, com camadas de usuário, aplicação, blockchain e comunicação que interagem para garantir a execução segura e eficiente dos contratos. Na área da saúde, a interoperabilidade de diferentes redes blockchain pode ser aprimorada por contratos inteligentes. Por exemplo, os dados dos pacientes poderiam ser trocados de forma segura e automatizada entre diferentes hospitais ou médicos assim que a autorização do paciente fosse obtida. Isso não apenas reduziria a carga administrativa, mas também melhoraria a qualidade do tratamento. Outra área de aplicação está na logística da cadeia de suprimentos. Aqui, os contratos inteligentes podem rastrear e documentar automaticamente as etapas de uma entrega – desde o pedido até a entrega. Se um prazo de entrega específico não for cumprido, por exemplo, uma compensação ao cliente poderia ser acionada automaticamente.

Bom saber

Interoperabilidade

A capacidade de diferentes sistemas ou redes de se comunicarem e trocarem dados. No contexto da blockchain, a interoperabilidade permite a interação perfeita entre diferentes blockchains.

Smart Contracts

Contratos autoexecutáveis na blockchain que automatizam transações e outros acordos assim que determinadas condições são atendidas. Isso possibilita processos seguros e eficientes sem intermediários.

Casos de Uso de Contrato Inteligente por Complexidade, Custo e Uso

Visualizando a relação entre complexidade, custo e uso de várias aplicações de contrato inteligente.

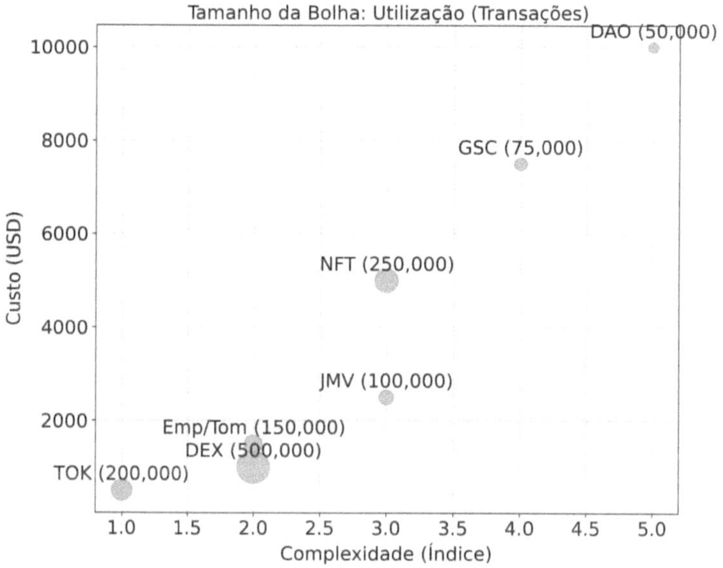

Blasengröße: Uso (Transações)

DAO: Organização Autônoma Descentralizada

DEX: Exchange Descentralizada

Emp/Tom: Empréstimo/Tomada de Empréstimo DeFi

GSC: Gerenciamento da Cadeia de Suprimentos

JMV: Jogos/Metaverso

NFT: Mercado NFT

TOK: Criação de Token

Aplicativos de alto uso como Exchanges Descentralizadas (DEX) e mercados NFT tendem a ter complexidade e custo moderados. Enquanto aplicativos mais complexos como Organizações Autônomas Descentralizadas (DAO) e Gerenciamento da Cadeia de Suprimentos têm menor uso, possivelmente devido a maiores custos de desenvolvimento e barreiras técnicas. Aplicativos mais simples como Criação de Token veem uso moderado e baixo custo, sugerindo acessibilidade para um público mais amplo.

Aplicações Descentralizadas

As aplicações descentralizadas (dApps) utilizam a tecnologia blockchain para oferecer funções que tradicionalmente são fornecidas por instâncias centrais. Ao contrário das aplicações convencionais, que operam em servidores centrais, as dApps estão distribuídas em uma rede descentralizada. Essa arquitetura oferece várias vantagens. A resistência à censura é um aspecto importante: como não existe uma instância de controle central, é difícil desligar ou censurar dApps. Um blogueiro poderia usar uma dApp para publicar seu conteúdo sem temer que seus artigos sejam removidos de uma plataforma. Outra vantagem é a segurança aumentada. Como os dados estão armazenados em muitos computadores na rede, o sistema é mais resistente a ataques de hackers. Ataques a um único servidor não afetariam a funcionalidade da dApp. As dApps também oferecem transparência, pois o código e as transações são publicamente acessíveis. Os usuários podem, assim, entender e verificar o funcionamento da aplicação. As dApps abrem novas possibilidades para a interação com serviços digitais e oferecem mais controle e segurança para os usuários. Por exemplo, poderiam surgir mercados descentralizados, onde os usuários podem negociar diretamente entre si, sem intermediários. A blockchain serve como base para transações seguras e transparentes. Através da arquitetura descentralizada e do uso de criptomoedas, as dApps também podem criar novos modelos de negócios e oportunidades de monetização. A análise de transações em dApps, como no jogo descentralizado, pode fornecer insights valiosos sobre o comportamento do usuário e os mecanismos de mercado.

Bom saber

Mercados Descentralizados

Mercados online que se baseiam na tecnologia blockchain e permitem que os usuários negociem diretamente entre si, sem intermediários. Criptomoedas são usadas para pagamentos e a blockchain garante a segurança e transparência das transações.

Resistência à Censura

Propriedade das dApps de não poderem ser censuradas ou desligadas por governos ou instituições devido à sua natureza descentralizada. Isso permite a livre expressão e disseminação de informações, independentemente de instâncias de controle central.

Categorias de Aplicativos Descentralizados (DApps)

Distribuição de DApps entre diferentes setores.

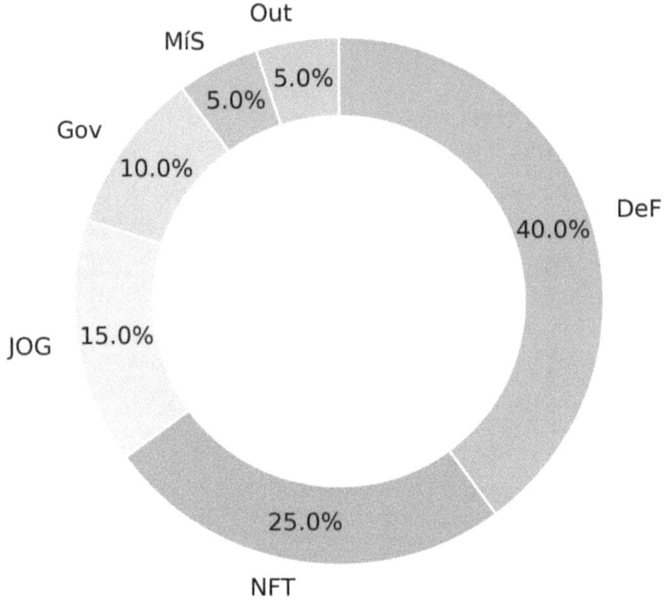

DeF: Finanças Descentralizadas (DeFi)	Gov: Governança Descentralizada
JOG: Jogos	MíS: Mídias Sociais e Conteúdo
NFT: NFTs e Arte Digital	Out: Outro

O maior segmento do ecossistema DApp é dominado por aplicativos DeFi, destacando o significativo interesse em finanças descentralizadas. NFTs e Jogos representam uma porção substancial, demonstrando a crescente popularidade da propriedade digital baseada em blockchain e experiências interativas. Enquanto outras categorias como Governança Descentralizada e Mídias Sociais detêm uma parcela menor, elas indicam exploração e desenvolvimento contínuos nessas áreas, sugerindo um crescimento potencial futuro.

Conselhos concretos

- Use Bitcoin para comprar produtos internacionalmente e economize em taxas de câmbio.
- Aceite Ethereum como forma de pagamento em sua loja online e alcance novos grupos de clientes.
- Abra uma conta poupança em Bitcoin e beneficie-se da valorização.
- Deixe uma parte de seu patrimônio em Ethereum como garantia para um empréstimo e utilize a liquidez.
- Desenvolva um sistema de dicas descentralizado baseado em Ethereum para seu site ou comunidade.
- Crie uma cooperativa que faça investimentos em energias renováveis com Bitcoin.
- Organize uma rede de troca local que utilize Bitcoin como moeda interna.
- Desenvolva um dApp em Ethereum que possibilite a troca de produtos regionais.
- Utilize contratos inteligentes em Ethereum para organizar campanhas de doação automatizadas para fins beneficentes.
- Crie um sistema de avaliação descentralizado para serviços baseado em Ethereum.
- Apoie artistas locais vendendo suas obras como NFTs em Ethereum.
- Desenvolva um sistema baseado em Ethereum para alugar recursos não utilizados, como ferramentas ou veículos.

4. 3 Potencial de Desenvolvimento

Bitcoin e Ethereum, as principais criptomoedas, estão no centro de um constante desenvolvimento. Atualizações de rede, mudanças de protocolo e melhorias técnicas influenciam a escalabilidade, segurança e funcionalidade – fatores cruciais para sua futura usabilidade e aceitação. Ao mesmo tempo, esses desenvolvimentos trazem desafios, como a garantia da compatibilidade retroativa ou a adaptação a requisitos regulatórios. Compreenda os motores e obstáculos da inovação para captar plenamente o potencial dessas criptomoedas.

O potencial de desenvolvimento de uma criptomoeda depende fortemente da evolução ativa e transparente de sua tecnologia, governança e capacidade de adaptação regulatória.

Melhorias Técnicas

Melhorias técnicas no setor de criptomoedas influenciam transações, segurança e possibilidades de aplicação. A tecnologia blockchain subjacente oferece um livro-razão transparente e imutável, que pode melhorar a contabilidade financeira [s27]. Isso resulta em registros à prova de manipulação de transações, tornando os processos de auditoria mais eficientes e precisos. Em vez de procurar e verificar documentos manualmente, os auditores poderiam acessar diretamente o histórico completo de transações na blockchain. Outro aspecto é a automação por meio de smart_contracts. Esses contratos autoexecutáveis permitem processos de auditoria automatizados, economizando tempo e recursos [s27]. Por exemplo, um contrato inteligente poderia acionar pagamentos automaticamente assim que determinadas condições fossem atendidas, ao mesmo tempo em que documenta a transação no livro-razão imutável. Isso reduz o esforço manual e minimiza o risco de erro. Devido à natureza descentralizada da tecnologia blockchain, novos modelos de negócios podem surgir, funcionando sem intermediários como bancos ou prestadores de serviços de pagamento [s27]. Isso permite interações mais diretas entre os participantes do mercado e pode resultar em economias de custo. Pense em transferências internacionais, que poderiam ser processadas de forma significativamente mais rápida e barata por meio da tecnologia blockchain do que por vias bancárias tradicionais. Apesar do potencial, existem também barreiras técnicas. A skalierbarkeit, ou seja, a capacidade de processar um número crescente de transações, e a interoperabilitaet, a compatibilidade entre diferentes sistemas blockchain, são cruciais para a ampla aceitação na contabilidade e auditoria [s27]. Se um sistema não conseguir acompanhar o volume crescente de transações ou não for compatível com outros sistemas, sua utilidade será limitada. O desenvolvimento de normas contábeis adequadas para moedas digitais também é importante

para garantir transparência e precisão na contabilidade financeira [s27]. Para comparação: assim como em ativos tradicionais, é necessário estabelecer regras claras para a avaliação e contabilização de criptomoedas, a fim de garantir uma imagem uniforme e confiável da situação financeira. Portanto, desenvolvimentos futuros devem se concentrar em aspectos regulatórios e de governança, bem como nos riscos associados [s27]. Entre esses riscos estão, entre outros, vulnerabilidades em contratos inteligentes ou a suscetibilidade a ataques de hackers. O contínuo desenvolvimento da tecnologia e a adaptação das condições regulatórias são essenciais para explorar todo o potencial das criptomoedas e da blockchain nas finanças.

Bom saber

Governança

Governança no contexto das criptomoedas refere-se às regras, processos e estruturas que governam o desenvolvimento e a gestão de sistemas blockchain. Uma boa governança é importante para a estabilidade e a confiança no mercado cripto.

Normas Contábeis

Normas contábeis claras para ativos digitais são necessárias para garantir transparência e comparabilidade na contabilidade financeira. Elas definem como as criptomoedas devem ser avaliadas, contabilizadas e apresentadas nas demonstrações financeiras.

Tecnologia Blockchain

A tecnologia blockchain pode melhorar a contabilidade financeira, oferecendo um sistema à prova de manipulação e transparente para o registro de transações, permitindo que os auditores acessem diretamente o histórico completo de transações.

Preço Hipotético do Bitcoin e Taxa de Hash

Ilustra a correlação entre o preço do Bitcoin e a taxa de hash da rede.

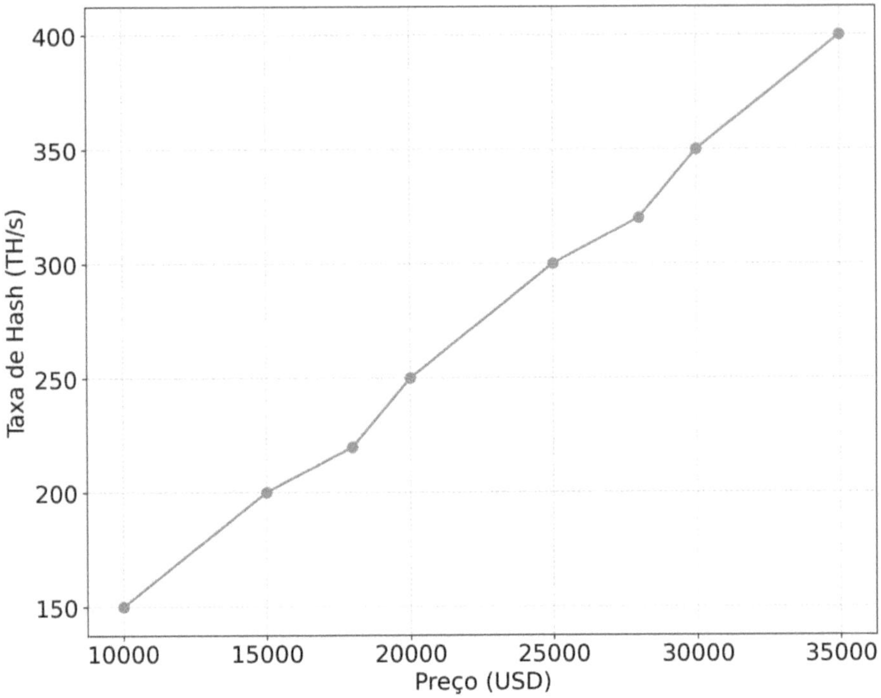

O gráfico mostra uma correlação positiva, sugerindo que à medida que o preço do Bitcoin aumenta, a taxa de hash da rede também aumenta, indicando maior participação dos mineradores e segurança da rede. Por outro lado, quedas de preço podem levar a taxas de hash mais baixas, à medida que alguns mineradores se tornam menos lucrativos.

Atualizações de Rede

Atualizações de rede formam a espinha dorsal do desenvolvimento contínuo de criptomoedas e são essenciais para seu sucesso a longo prazo. Elas servem para melhorar vários aspectos, desde segurança e eficiência até a introdução de novas funcionalidades. Essas mudanças são frequentemente implementadas por meio de um processo de governança descentralizada, onde a comunidade dos detentores de tokens vota sobre as atualizações propostas. Um ponto importante nas atualizações de rede é a chamada compatibilidade retroativa. Isso garante que versões mais antigas do software ainda possam interagir com a blockchain atualizada, assegurando uma transição suave. Se essa compatibilidade estiver ausente, pode ocorrer uma divisão da blockchain, um chamado fork, onde duas versões separadas da blockchain existem em paralelo. A observação do sentimento e da atividade da comunidade de desenvolvedores pode oferecer valiosos insights sobre o futuro desenvolvimento de uma criptomoeda. Uma comunidade de desenvolvedores ativa e positiva frequentemente sinaliza um desenvolvimento saudável e pode indicar inovações futuras. Por outro lado, uma comunidade de desenvolvedores estagnada ou negativa pode apontar para problemas potenciais ou falta de progresso. Isso sublinha a importância de analisar a dinâmica dentro da comunidade de desenvolvedores para melhor avaliar o potencial de uma criptomoeda. Por meio da atualização regular da rede, as criptomoedas podem não apenas se manter atualizadas tecnologicamente, mas também responder às necessidades em mudança dos usuários, consolidando assim sua posição no mercado. Um exemplo disso é a integração da rede Lightning no Bitcoin, que aumenta significativamente a velocidade das transações e reduz as taxas de transação, sem comprometer a segurança da rede. Esse tipo de desenvolvimento é crucial para melhorar a skalierbarkeit das criptomoedas e torná-las mais práticas para o uso cotidiano. Portanto,

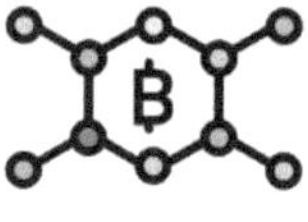

um investidor atento deve acompanhar de perto as atualizações de rede planejadas e realizadas de uma criptomoeda para melhor avaliar seu potencial e desenvolvimento futuro.

Atualizações de Rede e o Potencial do Bitcoin

Impacto das atualizações de rede na escalabilidade e adoção do Bitcoin

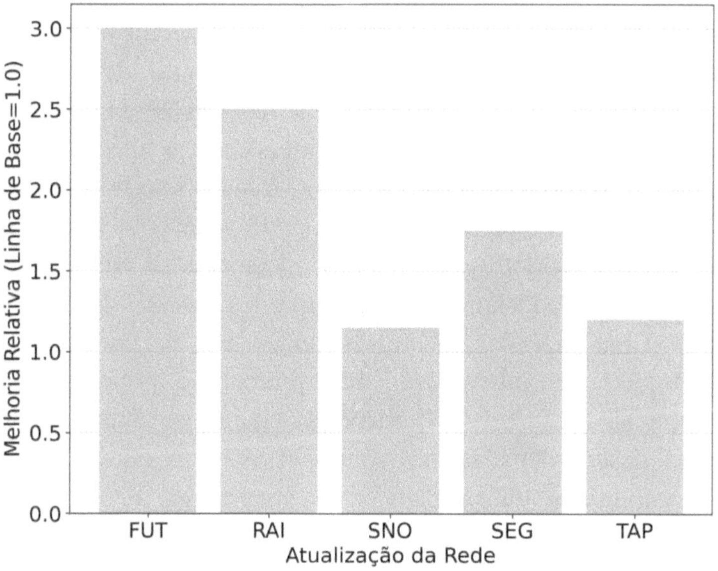

FUT: Melhorias Potenciais Futuras

RAI: Rede Lightning (Lançamento da Mainnet 2018)

SEG: SegWit (Agosto de 2017)

SNO: Assinaturas Schnorr (Parte do Taproot)

TAP: Taproot (Novembro de 2021)

O gráfico destaca uma correlação positiva significativa entre as atualizações de rede e o potencial do Bitcoin. Atualizações importantes como SegWit e Taproot melhoraram demonstravelmente o rendimento e a eficiência das transações, abrindo caminho para uma adoção mais ampla. Embora algumas atualizações tenham mostrado um impacto mais gradual, a tendência geral aponta para melhoria contínua e potencial de crescimento para a rede Bitcoin.

Alterações de Protocolo

Alterações de protocolo em criptomoedas são ajustes no software subjacente que alteram o funcionamento da rede. Essas modificações podem ter diversos objetivos, como melhorar a skalierbarkeit, a segurança ou a implementação de novas funcionalidades. As mudanças no protocolo geralmente ocorrem por meio de um mecanismo de consenso que requer a aprovação dos participantes da rede. [s28] Um exemplo é a introdução do SegWit (Segregated Witness) no protocolo Bitcoin. Ao externalizar os dados de assinatura das transações, foi criado espaço para mais transações por bloco, aumentando a capacidade de transação da rede. Um investidor que analisa o potencial de uma criptomoeda deve examinar cuidadosamente a história e o processo das alterações de protocolo. Uma abordagem transparente e bem documentada na implementação de alterações de protocolo pode indicar um desenvolvimento estável e orientado para o futuro. Mudanças frequentes, descoordenadas ou controversas, por outro lado, podem indicar instabilidade ou problemas de governança dentro do projeto. Alterações de protocolo também podem ter impactos na abwaertskompatibilitaet. Versões de software mais antigas podem não ser mais compatíveis com a blockchain atualizada. Isso pode levar a uma chamada Hard Fork, onde a blockchain se divide e surgem duas redes separadas com protocolos diferentes. Um exemplo de considerações regulatórias no contexto de alterações de protocolo é a discussão sobre recursos de privacidade. Algumas alterações de protocolo propostas visam aumentar a privacidade dos

usuários, o que pode entrar em conflito com requisitos regulatórios para combater a lavagem de dinheiro. [s28] Portanto, considerar tais aspectos regulatórios é essencial para a aceitação e o sucesso a longo prazo de uma criptomoeda. Outro ponto é considerar os impactos das alterações de protocolo na segurança da rede. Embora as mudanças frequentemente visem melhorar a segurança, elas também podem criar vulnerabilidades imprevistas. Uma revisão e fase de teste rigorosas antes da implementação são, portanto, essenciais. Para os investidores, é aconselhável se informar sobre as alterações de protocolo planejadas e analisar seus potenciais impactos em vários aspectos da criptomoeda, como escalabilidade, segurança, funcionalidade e conformidade regulatória. Essas informações podem fornecer valiosas indicações sobre o desenvolvimento futuro e o potencial da criptomoeda.

Lavagem de dinheiro [i22]

Impacto das Mudanças de Protocolo no Bitcoin

Visualizando o impacto potencial das mudanças de protocolo do Bitcoin com base em seu escopo e benefícios potenciais.

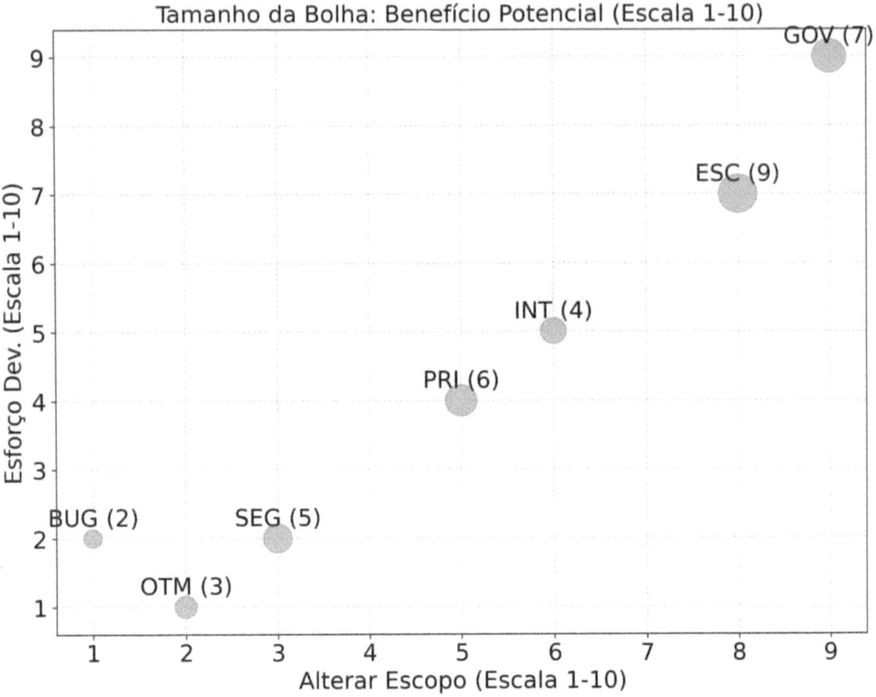

Blasengröße: Benefício Potencial (Escala 1-10)

BUG: Correção de Bug

GOV: Mudança de Governança

OTM: Otimização Menor

SEG: Melhora de Segurança

ESC: Atualização de Escalabilidade

INT: Integração de Contrato Inteligente

PRI: Aprimoramento de Privacidade

Bolhas maiores indicam maiores benefícios potenciais. Mudanças com escopo mais amplo tendem a oferecer maiores benefícios potenciais, mas também carregam maior risco. Algumas mudanças de menor escopo podem oferecer benefícios significativos com potencialmente menor complexidade de implementação.

Conselhos concretos

- Monitore o desenvolvimento de organizações autônomas descentralizadas (DAOs) e examine como elas podem influenciar a governança do Bitcoin e do Ethereum.
- Desenvolva um conceito para uma aplicação descentralizada (dApp) que combine as forças do Bitcoin e do Ethereum, por exemplo, para micropagamentos com Bitcoin através da rede Ethereum.
- Analise os impactos de soluções de Layer-2, como a Lightning Network para Bitcoin e Rollups para Ethereum, na sua interoperabilidade.
- Pesquise as possibilidades de pontes entre cadeias (Cross-Chain Bridges) e avalie seu potencial para a troca de valor e dados entre Bitcoin e Ethereum.
- Considere como a crescente disseminação de stablecoins pode afetar o papel do Bitcoin e do Ethereum como reserva de valor.
- Desenvolva uma ferramenta que compare e visualize a eficiência energética de diferentes algoritmos de mineração para Bitcoin e Ethereum.
- Acompanhe o desenvolvimento de mecanismos de consenso alternativos ao Proof-of-Work e Proof-of-Stake e avalie sua adequação para Bitcoin e Ethereum.
- Pesquise as possibilidades de provas de conhecimento zero (Zero-Knowledge Proofs) e seu potencial de aplicação para melhorar a privacidade e escalabilidade do Bitcoin e do Ethereum.
- Analise a influência de investidores institucionais na evolução dos preços do Bitcoin e do Ethereum e desenvolva uma estratégia de investimento correspondente.

Revisão - 4. Bitcoin e Ethereum

Bitcoin e Ethereum, as duas criptomoedas mais proeminentes, diferem fundamentalmente em sua arquitetura e casos de uso. Bitcoin, concebido como uma moeda digital, brilha por sua posição estabelecida e estrutura descentralizada, mas enfrenta problemas de escalabilidade, que se manifestam em velocidades de transação lentas e, por vezes, altas taxas. Ethereum, por outro lado, desenvolvido como uma plataforma para contratos inteligentes e aplicações descentralizadas (dApps), oferece um espectro de possibilidades de aplicação significativamente mais amplo. A transição para Proof-of-Stake reduz o consumo de energia em comparação com o mecanismo Proof-of-Work do Bitcoin, mas ao mesmo tempo apresenta novos desafios em relação à segurança da rede. Essas diferenças fundamentais devem ser consideradas em sua decisão de investimento.

Praticamente, isso significa para você: se você está principalmente interessado em um ativo digital que preserve valor e tolera a volatilidade do mercado de criptomoedas, o Bitcoin pode ser uma escolha adequada. Preste atenção ao desenvolvimento de soluções Layer-2, como a Lightning Network, que abordam os problemas de escalabilidade do Bitcoin e melhoram a viabilidade no dia a dia. Para transações menores e regulares, a Lightning Network já é uma opção atraente. No entanto, se você deseja explorar o potencial de aplicações baseadas em blockchain e serviços financeiros descentralizados (DeFi), o Ethereum, com seu ecossistema florescente de dApps e contratos inteligentes, oferece uma alternativa empolgante. Observe os desenvolvimentos em andamento e as atualizações da rede que visam otimizar ainda mais a escalabilidade e eficiência da rede Ethereum.

A avaliação do consumo de energia é outro fator importante. Enquanto o Bitcoin apresenta uma alta demanda de energia devido ao mecanismo Proof-of-Work, o Ethereum, após a transição para Proof-of-Stake, se apresenta como uma opção significativamente mais ecológica. Considere esse aspecto em sua estratégia pessoal de sustentabilidade. Informe-se sobre o consumo de energia por transação e a pegada ecológica de cada criptomoeda. A escolha do equipamento de mineração também desempenha um papel. Invista em hardware moderno e energeticamente eficiente para promover tanto sua lucratividade quanto a sustentabilidade da rede.

A análise dos aspectos técnicos, como escalabilidade, atualizações de rede e mudanças de protocolo, é essencial para decisões de investimento informadas. Acompanhe os roteiros dos projetos, analise a atividade da comunidade de desenvolvedores e considere os desenvolvimentos regulatórios. A dinâmica do mercado de criptomoedas exige aprendizado contínuo e adaptação de sua estratégia. Esteja preparado para ajustar seu portfólio de acordo com os avanços tecnológicos e as condições de mercado. O mundo das criptomoedas oferece imensas oportunidades, mas também apresenta riscos. Com uma estratégia bem fundamentada e disposição para aprender continuamente, você pode aproveitar essas oportunidades e alcançar seus objetivos financeiros.

5. Construção de Patrimônio

Quem não sonha em construir uma fortuna por meio de investimentos inteligentes? A revolução digital dos mercados financeiros abre possibilidades completamente novas, mas também traz riscos significativos. Enquanto as formas tradicionais de investimento muitas vezes prometem apenas retornos moderados, o mercado de criptomoedas atrai com oportunidades de lucro espetaculares. No entanto, a gestão profissional de ativos digitais requer conhecimento sólido e uma estratégia bem pensada. Neste capítulo, você aprenderá como explorar sistematicamente o enorme potencial das criptomoedas para a construção do seu patrimônio pessoal.

5. 1 Avaliação de Risco

As criptomoedas oferecem altas oportunidades de lucro, mas apresentam riscos significativos devido à sua volatilidade e ao ambiente de mercado dinâmico. As flutuações do mercado, incertezas regulatórias e desafios técnicos influenciam as decisões de investimento e podem levar a perdas substanciais. Portanto, uma avaliação detalhada de riscos antes de cada investimento é essencial. Além dos conhecidos fatores macroeconômicos e da volatilidade do mercado de criptomoedas, riscos técnicos e operacionais também desempenham um papel crucial. Erros de software, vulnerabilidades de segurança e a escalabilidade das blockchains são apenas alguns exemplos de perigos potenciais. Intervenções regulatórias e seus impactos nos modelos de risco também devem ser considerados. Somente aqueles que compreendem os diversos fatores de risco no mercado de criptomoedas podem tomar decisões de investimento informadas e construir patrimônio a longo prazo. Continue lendo para aprender as ferramentas e estratégias necessárias para uma gestão de risco eficaz.

No volátil mercado de criptomoedas, uma avaliação abrangente de riscos, que considera não apenas modelos quantitativos, mas também fatores qualitativos como incertezas regulatórias e riscos técnicos, é crucial para decisões de investimento informadas.

Flutuações de Mercado

As criptomoedas são caracterizadas por fortes oscilações de preços. Essa volatilidade influencia as decisões de investimento e requer uma gestão de risco adequada gestão de risco. Indicadores econômicos voláteis, como inflação e aumento das taxas de juros, podem impactar negativamente os retornos das criptomoedas. [s29] Portanto, os investidores devem realizar análises de risco abrangentes, especialmente em empresas financeiramente instáveis. [s29] A volatilidade pode levar a mudanças significativas de valor em um curto período, tornando essencial uma avaliação detalhada de risco antes de qualquer decisão de investimento. [s29] O ambiente regulatório do país do investidor também influencia os riscos. [s29] Alta incerteza na política econômica diminui a confiança e resulta em menores investimentos e retornos. [s29] A inflação e o aumento das taxas de juros intensificam ainda mais esse efeito. [s29] Embora a volatilidade seja influenciada por fatores macroeconômicos e possa servir como uma proteção contra a incerteza econômica, as criptomoedas nem sempre funcionam como um porto seguro. [s29] Além das influências macroeconômicas, a volatilidade é uma característica inerente do mercado de criptomoedas. [s30] Embora ofereça oportunidades de investimento, apresenta riscos mais altos em comparação com outras classes de ativos. [s30] Todas as criptomoedas exibem movimentos de preços voláteis, mesmo as mais estáveis. [s30] Existem fortes correlações positivas dentro do mercado, especialmente entre as principais criptomoedas. [s30] Assim, investimentos em criptomoedas individuais e em portfólios apresentam riscos extremos de perda. [s30] Métodos como a teoria dos valores extremos em combinação com modelos GARCH permitem uma avaliação abrangente de risco. [s30] Análises mostram que todas as criptomoedas estão expostas a altas perdas potenciais. [s30] Isso destaca a necessidade de altos requisitos de capital para instituições financeiras. Curiosamente, algumas plataformas podem utilizar flutuações de mercado de forma estratégica para melhorar sua liquiditaet. [s31] Isso indica habilidades em gestão de risco. [s31] Os ativos de moeda digital podem aumentar a liquidez, especialmente em plataformas que gerenciam a volatilidade de forma eficaz. [s31] Assim, empresas com moedas digitais podem gerar liquidez mais rapidamente do que com investimentos tradicionais. [s31] A capacidade de manter liquidez durante alta volatilidade oferece uma vantagem competitiva. [s31] Essa percepção é especialmente relevante para investidores que desejam entender a volatilidade não apenas como um risco, mas também como uma oportunidade. Uma estratégia diversificada que considere diferentes classes de ativos e perfis de risco é, portanto, aconselhável.

Bom saber

Ambiente Regulatório

Condições legais e regulatórias de um país que afetam as criptomoedas e seu comércio.

Correlação

Relação estatística entre o desempenho de preços de diferentes criptomoedas. Uma alta correlação positiva significa que os preços tendem a se mover de forma semelhante.

Estratégia Diversificada

Estratégia de investimento que distribui o risco por meio de investimentos em diferentes classes de ativos e criptomoedas.

Gestão de Risco

Processo de identificação, avaliação e controle de riscos associados a investimentos em criptomoedas.

Perfil de Risco

Conjunto de características de risco de um investimento ou portfólio que descreve a probabilidade e a magnitude de potenciais perdas.

Requisitos de Capital

Quantidade mínima de capital estabelecida por autoridades reguladoras que instituições financeiras devem manter para suportar perdas de investimentos arriscados, como criptomoedas.

Teoria dos Valores Extremos

Método estatístico para modelar e prever eventos extremos, como quedas acentuadas nos preços das criptomoedas.

Impacto da Volatilidade do Mercado

Impacto e volatilidade das flutuações do mercado de criptomoedas ao longo do tempo.

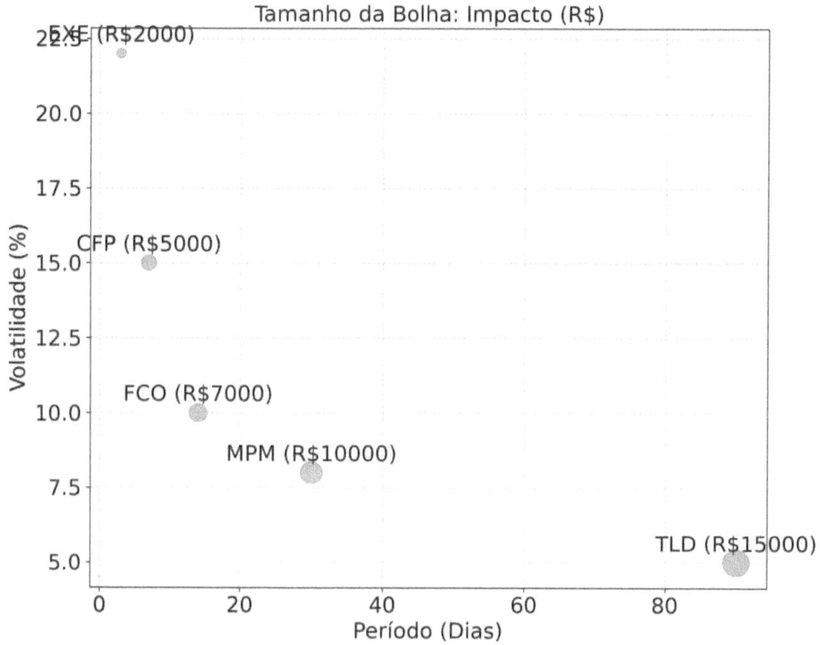

Blasengröße: Impacto (R$)

CFP: Flutuação de Curto Prazo

EXE: Evento Extremo

FCO: Fase de Correção

MPM: Movimento de Médio Prazo

TLD: Tendência de Longo Duração

O gráfico revela uma correlação entre volatilidade e impacto. Períodos de alta volatilidade tendem a ter um impacto maior, tanto positivo quanto negativo. Flutuações de curto prazo geralmente mostram alta volatilidade, mas menor impacto geral, enquanto tendências de longo prazo exibem menor volatilidade, mas impacto potencialmente significativo.

Riscos Regulatórios

Riscos regulatórios representam um fator decisivo para investimentos em criptomoedas. A classificação de moedas digitais por autoridades governamentais influencia seu status legal e, portanto, as oportunidades para investidores. [s32] Assim, a classificação como título, mercadoria ou meio de pagamento pode ter diferentes consequências fiscais e regulatórias. A incerteza sobre a regulamentação futura dificulta a avaliação de riscos e pode levar a custos ou restrições inesperadas. A reação de instituições financeiras às criptomoedas sublinha essa problemática. [s32] A preocupação de perder seu papel tradicional como intermediários financeiros pode favorecer intervenções regulatórias adicionais. Portanto, os investidores devem observar atentamente o cenário regulatório nas jurisdições relevantes e ajustar suas estratégias de forma flexível. Uma diversifizierung entre diferentes classes de ativos e países pode ajudar a minimizar os riscos regulatórios. Além da classificação, as medidas regulatórias também influenciam a precisão dos modelos de risco. [s33] Os kapitalanforderungen exigidos pelas autoridades para instituições financeiras que investem em criptomoedas baseiam-se em tais modelos. Um exemplo disso é o cálculo do Value-at-Risk (VaR), que quantifica perdas potenciais. A escolha do modelo adequado e seus parâmetros influenciam a magnitude dos requisitos de capital e, portanto, a rentabilidade do investimento. Assim, a validação e a revisão contínua dos modelos utilizados são essenciais.

[s33] Modelos baseados em quantis, que não fazem suposições específicas sobre a distribuição de retornos, podem melhorar a precisão da avaliação de riscos e reduzir o risco de interpretações errôneas. [s33] A agregação de diferentes modelos de VaR pode aumentar ainda mais a confiabilidade da avaliação de riscos. Isso é especialmente relevante no volátil mercado de criptomoedas, para evitar perdas inesperadas. Os investidores devem estar cientes das limitações dos modelos de risco e não basear suas decisões apenas em seus

resultados. [s34] A consideração de fatores adicionais, como a incerteza no ambiente regulatório, é essencial para uma decisão de investimento informada. Por exemplo, a combinação de modelos quantitativos com análises qualitativas dos desenvolvimentos regulatórios pode fornecer uma visão mais abrangente dos riscos reais.

Bom saber

Intermediários financeiros

Intermediários financeiros, como bancos e corretores, atuam como intermediários entre poupadores e tomadores de empréstimos. As criptomoedas podem alterar esse papel tradicional, permitindo transações diretas, o que pode levar a ajustes regulatórios.

Meio de pagamento

Um meio de pagamento serve para a troca de bens e serviços. O reconhecimento de uma criptomoeda como meio de pagamento permite seu uso para transações cotidianas e pode promover sua aceitação.

Modelos baseados em quantis

Modelos baseados em quantis são métodos estatísticos que utilizam certos quantis da distribuição de retornos para avaliar riscos, sem precisar fazer suposições específicas sobre a distribuição dos retornos. Eles são particularmente úteis para a avaliação de riscos de criptomoedas devido à sua natureza volátil.

Modelo de risco

Um modelo de risco é um procedimento matemático para calcular perdas potenciais. No contexto das criptomoedas, modelos de risco são utilizados para estimar a volatilidade e o potencial de perda de investimentos.

Comparação de Risco Regulatório

Regulamentação de Criptomoedas por País

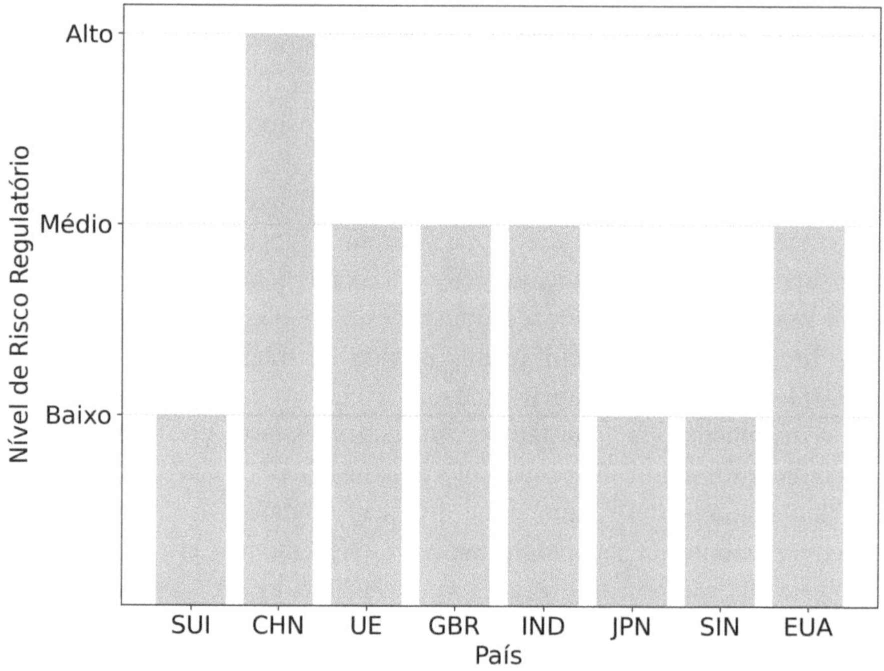

CHN: China

GBR: Reino Unido

JPN: Japão

SUI: Suíça

EUA: Estados Unidos

IND: Índia

SIN: Singapura

UE: União Europeia

Este gráfico destaca os níveis variáveis de risco regulatório associados às criptomoedas em diferentes jurisdições. Pontuações mais altas indicam um ambiente regulatório mais restritivo ou incerto, potencialmente impactando o comércio, investimento e inovação dentro do espaço cripto. Países com pontuações mais baixas geralmente oferecem uma estrutura regulatória mais permissiva ou claramente definida. Esta comparação enfatiza a importância de considerar as paisagens regulatórias ao se envolver com criptomoedas.

Riscos Técnicos

Riscos técnicos no mercado de criptomoedas dizem respeito à tecnologia subjacente e sua vulnerabilidade a interrupções ou manipulações. Isso inclui, por exemplo, falhas de software em protocolos de blockchain, que podem levar a brechas de segurança e à perda de ativos. A ataque de 51%, onde uma única entidade controla a maioria da capacidade de computação na rede e pode manipular transações, representa um risco significativo [s35]. Além disso, falhas de hardware em dispositivos de mineração ou nos data centers que operam a blockchain podem causar interrupções na rede. Outro aspecto é a skalierbarkeit das blockchains. Com o aumento do número de transações, algumas redes podem atingir seus limites, resultando em atrasos e taxas de transação mais altas. Os investidores devem examinar cuidadosamente os fundamentos técnicos da criptomoeda em questão e seus mecanismos de segurança. A diversificação entre diferentes blockchains pode reduzir o risco de problemas técnicos em uma única plataforma. O contínuo desenvolvimento da tecnologia também exige monitoramento constante e ajuste da própria estratégia de investimento. A dependência de infraestrutura externa, como conexões de internet ou fornecimento de energia, também desempenha um papel e pode causar interrupções no comércio e na gestão de criptomoedas em caso de falhas. Finalmente, o risco de computadores quânticos deve ser considerado, pois no futuro eles podem quebrar os métodos criptográficos que sustentam muitas criptomoedas. Embora isso ainda represente um risco de longo prazo, os investidores devem acompanhar os desenvolvimentos nesta área. Uma decisão de investimento informada considera, além dos aspectos técnicos, o desenvolvimento do mercado e as condições regulatórias. A avaliação dos riscos técnicos é, portanto, uma parte essencial de uma análise abrangente de riscos no mercado de criptomoedas e ajuda a tomar decisões de investimento fundamentadas. Além dos riscos técnicos mencionados, também podem

ocorrer riscos operacionais, como falhas humanas na gestão de chaves privadas ou por precauções de segurança inadequadas em plataformas de negociação [s35]. A escolha de uma wallet segura e de uma exchange confiável é, portanto, crucial para proteger os próprios investimentos.

Carteira [i23]

Bom saber

Chaves Privadas

Uma chave privada é uma chave criptográfica secreta usada para autorizar transações de criptomoedas e provar a posse de criptomoedas. A perda da chave privada resulta na perda de acesso às criptomoedas associadas.

Computadores Quânticos

Computadores quânticos são computadores que utilizam os princípios da mecânica quântica para realizar cálculos. Eles têm o potencial de quebrar certos algoritmos criptográficos atualmente usados em criptomoedas.

Wallet

Uma wallet é um software ou hardware usado para armazenar, enviar e receber criptomoedas.

Riscos Técnicos na Negociação e Mineração de Criptomoedas

Distribuição dos riscos técnicos associados à negociação e mineração de criptomoedas.

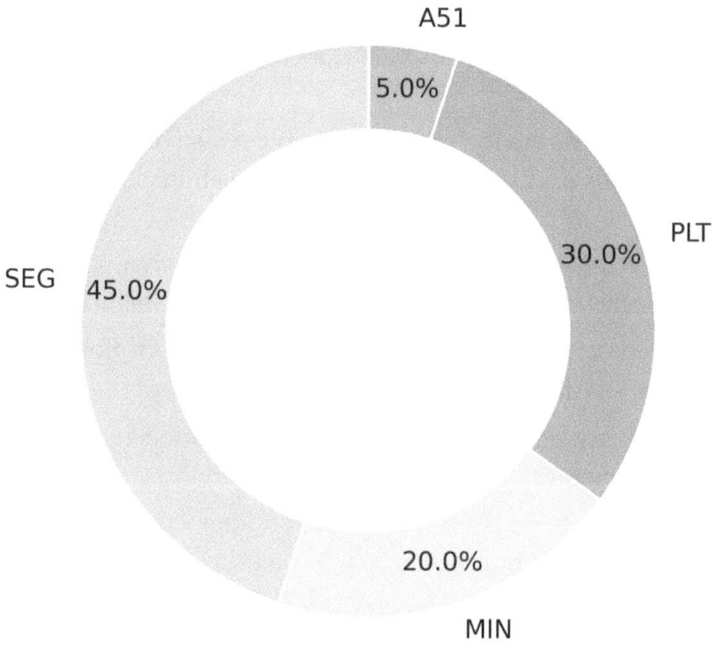

A51: Ataques de 51%

PLT: Riscos da Plataforma de Negociação (ex: tempo de inatividade, insolvência)

MIN: Riscos de Mineração (ex: falha de hardware, custos de energia)

SEG: Vulnerabilidades de Segurança (ex: hacking, golpes)

A maior parte do risco é atribuída a vulnerabilidades de segurança, destacando a importância de práticas robustas de segurança. Os riscos da plataforma de câmbio também são significantes, enfatizando a necessidade de uma seleção cuidadosa das plataformas de negociação. Embora os riscos específicos da mineração sejam menores, eles ainda representam uma parte notável, indicando a importância de entender e mitigar fatores como falhas de hardware e custos de energia. O risco relativamente menor de ataques de 51% sugere que, embora seja uma preocupação, é menos prevalente em comparação com outros riscos técnicos.

Conselhos concretos

- Avalie seu perfil de risco pessoal no contexto de sua situação financeira total antes de investir em criptomoedas.
- Crie uma tabela com diferentes cenários para o mercado de criptomoedas (positivo, neutro, negativo) e seus impactos em seu portfólio.
- Defina objetivos de investimento claros e revise regularmente se seus investimentos em criptomoedas ainda estão alinhados com esses objetivos.
- Determine uma perda máxima que você pode aceitar no mercado de criptomoedas sem comprometer sua estabilidade financeira.
- Estabeleça um prazo para seus investimentos em criptomoedas e revise sua estratégia após esse período.
- Pesquise o histórico de preços de várias criptomoedas para avaliar melhor sua volatilidade.
- Compare o perfil de risco-retorno das criptomoedas com outras classes de ativos, como ações, títulos ou imóveis.
- Considere também fatores externos, como instabilidade política ou mudanças regulatórias, em sua avaliação de risco.
- Discuta seus investimentos em criptomoedas com um consultor financeiro independente para obter uma avaliação objetiva de sua estratégia.
- Avalie os impactos da inflação e das taxas de juros sobre o valor real de seus investimentos em criptomoedas.
- Acompanhe o desenvolvimento do mercado como um todo e ajuste sua estratégia de risco conforme necessário.

5. 2 Gestão de Patrimônio

A gestão eficaz de ativos é essencial para o sucesso a longo prazo com criptomoedas. Desde a documentação completa de cada transação até o armazenamento seguro de suas chaves privadas – esta seção aborda os desafios centrais e os aspectos práticos que garantem a preservação do valor de seu portfólio. Tanto os aspectos fiscais quanto o planejamento de emergência desempenham um papel decisivo. A estratégia correta protege seu patrimônio contra perdas e simplifica a liquidação em caso de herança. Não ignore esses aspectos, pois eles formam a base para seu sucesso sustentável no dinâmico mercado de criptomoedas. Prepare-se adequadamente e proteja seus investimentos.

A documentação cuidadosa e o planejamento de emergência são essenciais para a gestão segura e bem-sucedida de criptomoedas.

Documentação

Uma documentação abrangente é a espinha dorsal da sua gestão de criptomoedas. Ela não serve apenas para a declaração de impostos, mas também para a proteção do seu patrimônio e a rastreabilidade das suas decisões de investimento. A documentação deve registrar todas as transações, desde compras e vendas até Swaps e Staking, além de Airdrops e eventos de Fork, de forma completa. Anote a data, hora, criptomoedas envolvidas, quantidades, taxas de transação e os respectivos endereços de wallet. Plataformas como Block-Explorer podem ajudá-lo a verificar e documentar os detalhes das transações. Uma simples planilha do Excel ou software especializado em impostos de criptomoedas podem ser úteis para a organização. Além das transações, todos os documentos relevantes para a compra, venda ou custódia de criptomoedas devem ser arquivados. Isso inclui recibos de compras de exchanges, capturas de tela de transações de wallet, acordos com corretores ou e-mails de plataformas de negociação. Armazene esses documentos de forma segura e bem organizada, idealmente em formato digital e também em forma física. O armazenamento em nuvem pode ser prático, mas deve ser protegido por medidas de segurança adicionais, como autenticação de dois fatores e senhas fortes. Para cópias físicas, um cofre à prova de fogo é recomendado. A escolha do método de armazenamento adequado para suas criptomoedas também influencia suas obrigações de documentação. Ao usar plataformas de negociação como Custodian (custodiante), você deve baixar e arquivar extratos de conta regularmente. Se você gerencia suas private_keys por conta própria, por exemplo, usando uma Hardware-Wallet, documente além das transações também a Seed-Phrase (frase de recuperação) da sua wallet. Esta nunca deve ser armazenada digitalmente ou tornada acessível online, mas sim guardada em um local seguro offline. Um cofre trancado ou um cofre bancário são opções adequadas. A documentação das suas atividades em cripto também serve para a determinação das informações relevantes para impostos. Portanto, mantenha também informações sobre juros recebidos de Staking ou Lending, bem como sobre o valor de Airdrops ou Forks no momento do recebimento. A tributação de criptomoedas pode ser complexa e variar de país para país. Em caso de dúvida, consulte um contador que entenda de

criptomoedas para garantir que você atenda a todos os requisitos fiscais e evite possíveis problemas. Uma boa documentação ajuda a fornecer as informações necessárias para sua declaração de impostos e facilita a comunicação com seu contador. Além dos detalhes das transações e dos documentos associados, é aconselhável desenvolver uma estratégia para emergências. Documente como, em caso de sua morte ou incapacidade, o acesso aos seus ativos em cripto pode ser realizado. Isso pode incluir informações sobre a localização de suas Chaves Privadas, senhas e os dados de contato de pessoas de confiança. Com um planejamento cuidadoso, você garante que seus entes queridos possam acessar seus ativos digitais em caso de emergência. Em resumo, uma documentação minuciosa e organizada é um aspecto indispensável da gestão de patrimônio no campo das criptomoedas. Ela não apenas protege seu patrimônio, mas também facilita a declaração de impostos e oferece segurança em situações de emergência. Invista tempo e esforço na criação de um sistema de documentação robusto – isso trará retorno a longo prazo. Lembre-se: quanto mais precisos e completos forem seus registros, melhor preparado você estará para qualquer eventualidade.

Bom saber

Airdrop

A distribuição gratuita de criptomoedas para determinados endereços de wallet, muitas vezes como estratégia de marketing para novos projetos ou como recompensa por manter certas moedas.

Block-Explorer

Uma ferramenta online que permite visualizar e verificar transações e outros dados em uma blockchain. Isso oferece transparência e possibilita o rastreamento de transações.

Custodian

Um custodiante de criptomoedas em nome de clientes. Isso pode ser uma exchange ou um prestador de serviços especializado que assume a custódia segura dos ativos digitais.

Hardware-Wallet

Um dispositivo físico que armazena Chaves Privadas offline, oferecendo assim maior proteção contra ataques de hackers e roubo.

Seed-Phrase

Uma lista de palavras usadas para recuperar uma wallet de cripto e as Chaves Privadas associadas. A Seed-Phrase deve ser mantida segura e offline.

Staking

A manutenção de criptomoedas em uma wallet específica para validar transações na rede e receber recompensas por isso. Isso contribui para a segurança e funcionalidade da rede.

Tipos de Documentação para Gestão de Criptoativos

Distribuição das áreas de foco da documentação para gestão de criptoativos.

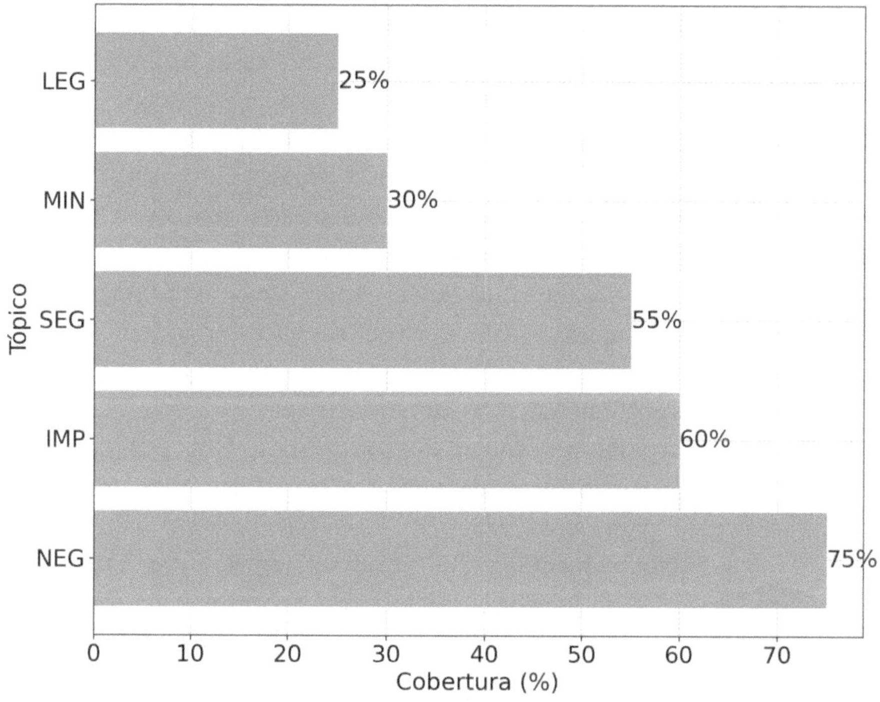

IMP: Impostos

MIN: Mineração

SEG: Segurança

LEG: Legal

NEG: Negociação e Investimento

O gráfico destaca uma forte ênfase na documentação de Negociação e Investimento, seguida por Segurança e Otimização Tributária. Legal e Mineração mostram um foco relativamente menor, sugerindo que essas áreas podem ser menos documentadas ou consideradas menos críticas para o entendimento geral do usuário neste guia específico.

Planejamento de Emergência

O planejamento de emergência para ativos em criptomoedas requer uma estratégia bem pensada que vai além da mera documentação e garante o acesso a valores digitais em caso de falecimento ou incapacidade. Um passo crucial é a elaboração de um plano detalhado que inclua a localização de suas private_keys, senhas e frases-semente. Armazene essas informações não digitalmente, mas offline, em um local seguro, como um cofre trancado ou um caixa de segurança bancária. Além disso, você deve documentar as credenciais para todas as plataformas e contas relevantes, incluindo exchanges e Hardware Wallets. Além dos aspectos técnicos, é essencial identificar e incluir pessoas de confiança em seu plano de emergência. Essas pessoas devem estar informadas sobre seus investimentos em criptomoedas e ter acesso às informações necessárias em caso de emergência. Instruções claras sobre como lidar com os ativos digitais – como venda, transferência ou armazenamento a longo prazo – minimizam o risco de mal-entendidos ou perdas. Um Testamento ou um acordo legal semelhante pode ajudar a formalizar suas vontades e regular o acesso para seus herdeiros. Esse planejamento permite que você mantenha o controle sobre seus ativos em criptomoedas, mesmo em circunstâncias adversas, e assegure o destino pretendido. A consideração da atenção pública a certas criptomoedas também pode ser integrada ao planejamento de emergência. Um aumento na atenção pode, embora leve a uma volatilitaet de curto prazo [s36], também oferecer a oportunidade de gerar liquiditaet mais rapidamente em uma emergência, caso uma venda rápida dos ativos seja necessária. No entanto, tal estratégia requer uma cuidadosa ponderação entre risco e benefício potencial.

Bom saber

Hardware Wallets

Dispositivos físicos que armazenam suas Chaves Privadas offline, protegendo-as contra ataques de hackers.

Testamento

Um documento legalmente vinculativo que estabelece quem receberá seus ativos após sua morte. É importante listar seus ativos em criptomoedas em seu testamento e fornecer instruções claras para o acesso.

Distribuição do Plano de Emergência

Distribuição de medidas de planejamento de emergência para ativos de criptomoedas.

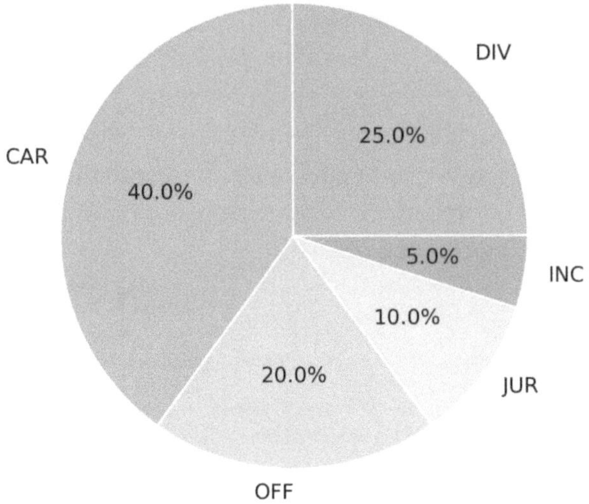

CAR: Segurança de Acesso a Carteiras e Corretoras (2FA, Multi-Assinatura)

DIV: Diversificação Entre Ativos e Plataformas

INC: Plano de Resposta a Incidentes (Hacking/Perda)

JUR: Aconselhamento Jurídico e Documentação

OFF: Armazenamento Offline a Frio (Carteiras de Hardware)

A maior parte do plano de emergência concentra-se em garantir o acesso a carteiras e corretoras, destacando seu papel crucial na proteção de ativos. A diversificação e o armazenamento offline representam porções significativas, enfatizando a importância de distribuir o risco e proteger contra vulnerabilidades online. Embora o aconselhamento jurídico e a resposta a incidentes sejam fatias menores, eles permanecem essenciais para navegar em paisagens jurídicas complexas e reagir efetivamente a violações de segurança. Esta distribuição sugere uma abordagem equilibrada para o planejamento de emergência, priorizando a segurança de acesso e abordando também a diversificação, armazenamento offline, considerações legais e resposta a incidentes.

Planejamento Sucessório

A gestão de patrimônio para criptomoedas apresenta requisitos especiais devido à sua natureza digital. Assim como a documentação de transações e o planejamento de emergência, é fundamental garantir o acesso aos ativos digitais em caso de falecimento. Um testamento oferece a possibilidade de definir a distribuição das criptomoedas, permitindo assim que os herdeiros tenham acesso. No testamento, além do tipo e quantidade de criptomoedas, devem ser listadas detalhadamente as private_keys, frases-semente e credenciais das respectivas plataformas. Isso assegura que os herdeiros obtenham controle sobre os ativos digitais e possam gerenciá-los ou vendê-los. Um método simples, mas seguro, de transmitir essas informações sensíveis é o uso de um envelope lacrado, que deve ser anexado ao testamento. Alternativamente, um notário pode gerenciar as informações em confiança e repassá-las aos beneficiários em caso de herança. Essa abordagem minimiza o risco de perda ou acesso não autorizado às criptomoedas. As condições legais para criptomoedas estão em constante evolução, portanto, é aconselhável se informar sobre as disposições legais atuais no respectivo país e, se necessário, buscar aconselhamento jurídico [s37]. A complexidade da tributação de ativos criptográficos exige uma análise detalhada das regulamentações vigentes para evitar potenciais problemas fiscais para os herdeiros [s37]. Um planejamento sucessório antecipado e abrangente para criptomoedas protege o patrimônio digital e facilita a liquidação para os herdeiros em caso de falecimento.

Bom saber

Ativos Criptográficos

Ativos digitais que se baseiam na criptografia. Incluem criptomoedas, tokens e outros ativos digitais.

Métodos de Herança de Cripto

Popularidade de diferentes soluções de herança de cripto

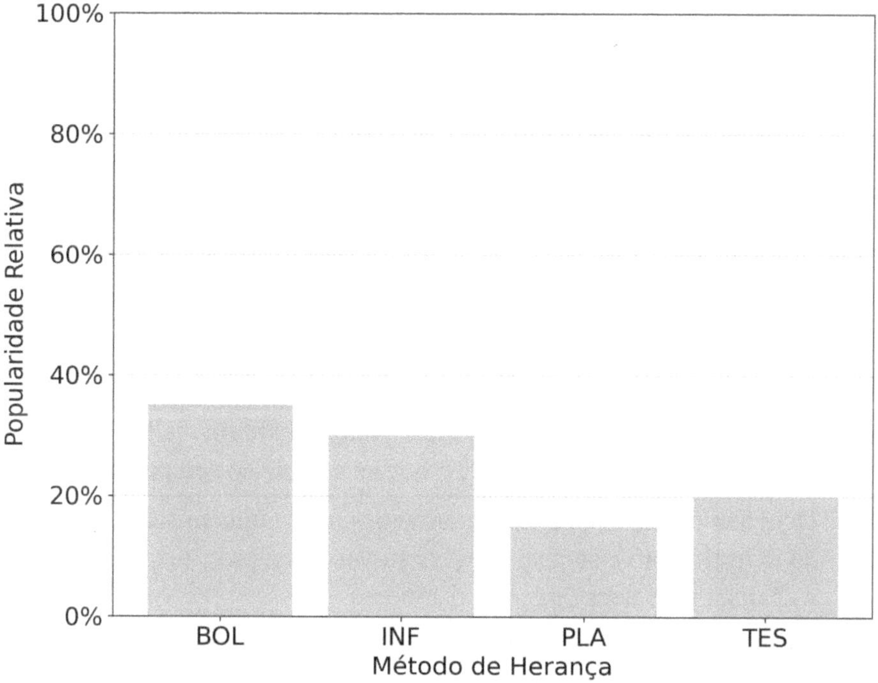

BOL: Herança da Bolsa (por exemplo, designação de beneficiário)

INF: Informal (por exemplo, senhas compartilhadas)

PLA: Plataforma de Herança de Cripto

TES: Testamento (especificando ativos cripto)

Embora a herança baseada em exchange e os métodos informais ainda sejam prevalentes, plataformas dedicadas à herança de cripto e testamentos legais que incorporam cripto estão ganhando força, indicando uma crescente conscientização sobre práticas de herança seguras e legalmente sólidas para ativos digitais.

Conselhos concretos

- Elabore um plano de gestão patrimonial pessoal que integre seus ativos em criptomoedas à sua estratégia geral e considere objetivos de longo prazo.
- Desenvolva um sistema de avaliação para projetos de criptomoedas que vá além da mera capitalização de mercado, considerando fatores como tecnologia, equipe e comunidade.
- Simule diferentes estratégias de alocação para seu portfólio de criptomoedas e teste sua resiliência a mudanças de mercado.
- Pesquise as implicações fiscais de heranças e doações relacionadas a criptomoedas e planeje de acordo.
- Crie uma estratégia de emergência para a perda de credenciais que vá além do backup da seed phrase e considere alternativas de recuperação.
- Avalie os prós e contras de diferentes métodos de custódia para seus ativos em criptomoedas (hardware wallet, multi-sig wallet, soluções de custódia) e escolha a solução que se adeque ao seu perfil de risco.
- Documente não apenas suas transações, mas também sua estratégia de investimento e as justificativas subjacentes, para que possa revisar e analisar suas decisões posteriormente.
- Estabeleça um monitoramento regular para seus ativos em criptomoedas, que o mantenha informado sobre desenvolvimentos importantes e riscos potenciais.
- Defina regras claras para a compra e venda de criptomoedas, a fim de evitar decisões impulsivas e implementar sua estratégia de forma disciplinada.

Revisão - 5. Construção de Patrimônio

A construção de patrimônio com criptomoedas requer uma compreensão profunda das oportunidades e riscos associados. A alta volatilidade do mercado de criptomoedas, influenciada por fatores macroeconômicos e pela dinâmica inerente do mercado de moedas digitais, pode levar a ganhos rápidos, mas também apresenta riscos significativos de perda. Portanto, uma gestão de risco estratégica é essencial. Considere qual proporção do seu patrimônio você deseja investir em criptomoedas e defina sua disposição pessoal para o risco. Diversifique seu portfólio entre diferentes criptomoedas e classes de ativos para espalhar o risco. Informe-se sobre métodos de avaliação de risco, como a teoria dos valores extremos, e utilize-os para tomar decisões de investimento informadas. Observe as correlações entre diferentes criptomoedas para evitar riscos concentrados. Veja a volatilidade não apenas como um risco, mas também como uma oportunidade: em períodos de alta volatilidade, por exemplo, podem surgir oportunidades de compra interessantes.

Além das flutuações do mercado, os riscos regulatórios desempenham um papel crucial. A legislação em constante mudança e a classificação diferente das criptomoedas em vários países podem levar a desafios inesperados. Mantenha-se atento às desenvolvimentos regulatórios nas jurisdições relevantes para você e ajuste sua estratégia de acordo. Uma diversificação internacional pode ajudar a minimizar os riscos regulatórios em países específicos. Considere os impactos das regulamentações nos modelos de risco e nas exigências de capital, especialmente se você estiver investindo quantias maiores. Não confie exclusivamente em modelos quantitativos, mas também inclua análises qualitativas do cenário regulatório em sua tomada de decisão.

Os riscos técnicos, que vão desde falhas de software até ataques de 51% e a escalabilidade das blockchains, também exigem sua atenção. Pesquise os fundamentos técnicos das criptomoedas nas quais você deseja investir e avalie seus mecanismos de segurança. Escolha uma carteira segura, idealmente uma carteira de hardware, para armazenar suas chaves privadas offline e protegê-las contra ataques de hackers. Esteja ciente da importância da sua frase-semente e mantenha-a absolutamente segura e offline. A documentação de todas as transações e documentos relevantes não é apenas importante para fins fiscais, mas também para a proteção do seu patrimônio e a rastreabilidade de suas decisões de investimento. Crie um plano de emergência que regule o acesso aos seus ativos em criptomoedas em caso de falecimento ou incapacidade. Informe pessoas de confiança sobre seu plano e assegure-se de que elas tenham acesso às informações necessárias em caso de emergência.

A construção de patrimônio com criptomoedas oferece oportunidades empolgantes, mas também requer responsabilidade pessoal e aprendizado contínuo. Esteja ciente dos riscos, busque conhecimento e ajuste sua estratégia às condições de mercado em mudança. Com uma estratégia bem pensada, uma gestão de risco sólida e uma documentação cuidadosa, você pode aproveitar as oportunidades do mercado de criptomoedas e alcançar seus objetivos financeiros. O caminho para a construção bem-sucedida de patrimônio com criptomoedas pode ser desafiador, mas com o conhecimento e a preparação adequados, você pode aumentar significativamente suas chances de sucesso.

Ofertas adicionais gratuitas planejadas

Temos o prazer de oferecer futuramente materiais complementares gratuitos para este livro:

- Um capítulo bônus exclusivo com conteúdo adicional
- Um resumo compacto de todo o livro em formato PDF
- Uma versão em radionovela (Em Planejamento)

A publicação destes materiais está prevista para 2025.
Sinta-se à vontade para visitar nosso site hoje mesmo. Assim que nosso serviço de newsletter for lançado (previsto para 2025), você poderá se registrar para receber atualizações e não perder nenhuma novidade sobre as ofertas adicionais gratuitas.

www.SaageBooks.com/pt/criptomoedas-bonus-YZ5HOY

Caros leitores,

Nos sentimos profundamente honrados por terem dedicado tempo para ler nosso livro do início ao fim. Nosso maior desejo é fornecer insights valiosos e orientação prática. Sua confiança em nosso trabalho significa muito para nós. Esperamos que a leitura tenha sido enriquecedora para vocês. Se tiverem alguma dúvida ou sugestão, não hesitem em nos contactar através do nosso site.

Se gostaram deste livro, agradeceríamos muito uma avaliação honesta. Vocês podem facilmente deixar sua avaliação honesta na plataforma de vendas onde compraram o livro.
Obrigado pelo seu apoio!

Bendis Saage

Saage Media GmbH - Equipe

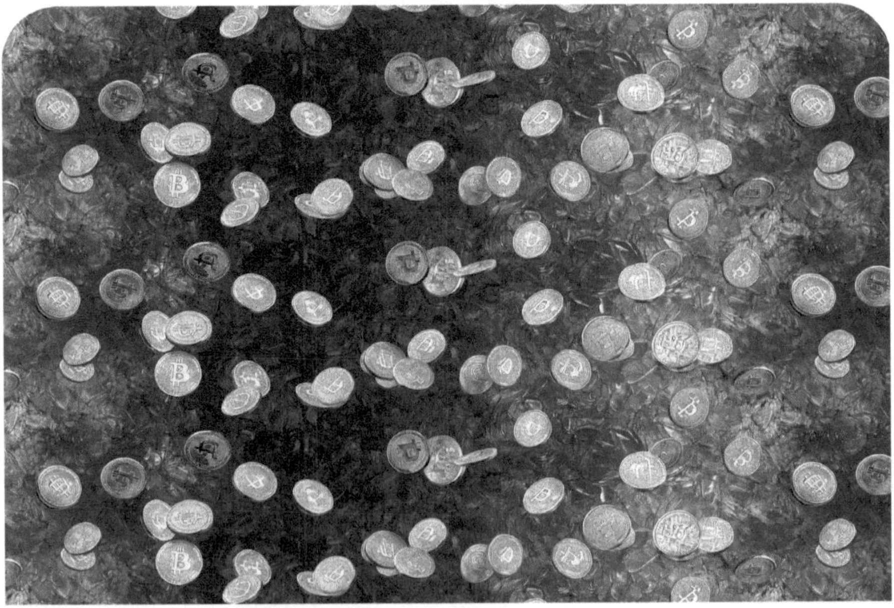

www.SaageBooks.com/pt

Descubra mais! O nosso site editorial oferece-lhe uma seleção diversificada de livros adicionais. Além de conteúdo gratuito e materiais bônus exclusivos, você encontrará informações detalhadas sobre nossas obras. Navegue pela nossa extensa oferta digital e inspire-se com experiências adicionais de leitura.

www.SaageBooks.com/pt

Fontes

Nossos sinceros agradecimentos a todos os autores das fontes científicas e não científicas citadas, aos operadores dos sites referenciados e aos criadores das imagens, gráficos e estudos utilizados, cujo valioso trabalho contribuiu para a criação deste livro.
Para mais informações, recomendamos visitar os sites das fontes.
Se descobrir erros de mapeamento ou outras inconsistências, entre em contato conosco.

Todas as fontes foram acessadas pela última vez em: 2025-02-19

[s1] - https://www.mdpi.com/1911-8074/18/2/66

Autor:	Murray A. Rudd, Dennis Porter	**Título:**	A Supply and Demand Framework for Bitcoin Price Forecasting
por:	Multidisciplinary Digital Publishing Institute	**DOI:**	10.3390/jrfm18020066
Data:	2025-01-30	**Site:**	MDPI
Editora:	Multidisciplinary Digital Publishing Institute		

[s2] - https://pmc.ncbi.nlm.nih.gov/articles/PMC8174543/

Autor:	Parthajit Kayal, Purnima Rohilla	**Título:**	Bitcoin in the economics and finance literature: a survey
por:	Madras School of Economics (MSE)	**DOI:**	10.1007/s43546-021-00090-5
Data:	2021 Jun 3	**Site:**	PubMed Central (PMC)
Editora:	Sn Business & Economics		

[s3] - https://dx.doi.org/https://doi.org/10.1186/s40854-023-00465-7

Autor:	Jiri Kukacka, Ladislav Kristoufek	**Título:**	Fundamental and speculative components of the cryptocurrency pricing dynamics
DOI:	10.1186/s40854-023-00465-7	**Data:**	2023-03-05
Editora:	SpringerOpen		

[s4] - https://dx.doi.org/10.17016/2380-7172.3447

Autor:	Cy Watsky, Jeffrey Allen, Hamzah Daud, Jochen Demuth, Daniel Little, Megan Rodden, and Amber Seira	**Título:**	Primary and Secondary Markets for Stablecoins
por:	Board of Governors of the Federal Reserve System	**DOI:**	10.17016/2380-7172.3447
Data:	2024-02-23	**Site:**	Federal Reserve Board
Editora:	Board of Governors of the Federal Reserve System		

[s5] - https://pmc.ncbi.nlm.nih.gov/articles/PMC7271856/

Autor:	Thomas Conlon, Shaen Corbet, Richard J McGee	**Título:**	Are cryptocurrencies a safe haven for equity markets? An international perspective from the COVID-19 pandemic
por:	Smurfit Graduate School of Business, University College Dublin, Ireland; DCU Business School, Dublin City University, Dublin 9, Ireland; School of Accounting, Finance and Economics, University of Waikato, New Zealand	**DOI:**	10.1016/j.ribaf.2020.101248
Data:	2020 Jun 4	**Site:**	PubMed Central (PMC)

[s6] - https://pmc.ncbi.nlm.nih.gov/articles/PMC7365063/

Autor:	Natthinee Thampanya, Muhammad Ali Nasir, Toan Luu Duc Huynh	**Título:**	Asymmetric correlation and hedging effectiveness of gold & cryptocurrencies: From pre-industrial to the 4th industrial revolution
DOI:	10.1016/j.techfore.2020.120195	**Data:**	2020 Jul 16
Site:	PubMed Central (PMC)	**Editora:**	Technological Forecasting and Social Change

[s7] - https://pmc.ncbi.nlm.nih.gov/articles/PMC10840122/

Autor:	Xu Wang, Jinling Liu, Qichang Xie	**Título:**	Quantile frequency connectedness between energy tokens, crypto market, and renewable energy stock markets
DOI:	10.1016/j.heliyon.2024.e25068	**Data:**	2024 Jan 24
Site:	PubMed Central (PMC)	**Editora:**	Heliyon

[s8] - https://pmc.ncbi.nlm.nih.gov/articles/PMC9589625/

Autor:	Juliet Elu, Miesha Williams	**Título:**	COVID-19 Cryptocurrency Investment: Wealth Disparities and Portfolio Diversification
DOI:	10.1007/s41996-022-00108-6	**Data:**	2022 Oct 21
Site:	PubMed Central (PMC)	**Editora:**	Journal of Economics, Race, and Policy

[s9] - https://dx.doi.org/10.1186/s40854-020-00217-x

Autor:	Helder Sebastião, Pedro Godinho	**Título:**	Forecasting and trading cryptocurrencies with machine learning under changing market conditions
por:	SpringerOpen	**DOI:**	10.1186/s40854-020-00217-x
Data:	2021-01-06	**Editora:**	SpringerOpen

[s10] - https://www.mdpi.com/1911-8074/16/1/3

Autor:	José Almeida, Tiago Cruz Gonçalves	**Título:**	Portfolio Diversification, Hedge and Safe-Haven Properties in Cryptocurrency Investments and Financial Economics: A Systematic Literature Review
por:	Multidisciplinary Digital Publishing Institute	**DOI:**	10.3390/jrfm16010003
Data:	2022-12-21	**Site:**	MDPI
Editora:	Multidisciplinary Digital Publishing Institute		

[s11] - https://www.mdpi.com/2075-1680/12/2/209

Autor:	Yeh-Cheng Yang, Wen-Sheng Shieh, Chun-Yueh Lin	**Título:**	Applying the Fuzzy BWM to Determine the Cryptocurrency Trading System under Uncertain Decision Process
por:	Multidisciplinary Digital Publishing Institute	**DOI:**	10.3390/axioms12020209
Data:	2023-02-16	**Site:**	MDPI
Editora:	Multidisciplinary Digital Publishing Institute		

[s12] - https://www.mdpi.com/1911-8074/17/9/406

Autor:	Namryoung Lee	**Título:**	Joint Impact of Market Volatility and Cryptocurrency Holdings on Corporate Liquidity: A Comparative Analysis of Cryptocurrency Exchanges and Other Firms
por:	Multidisciplinary Digital Publishing Institute	**DOI:**	10.3390/jrfm17090406
Data:	2024-09-09	**Site:**	MDPI
Editora:	Multidisciplinary Digital Publishing Institute		

[s13] - https://www.mdpi.com/2227-9091/12/4/67

Autor:	Laeeq Razzak Janjua, Iza Gigauri, Agnieszka Wójcik-Czerniawska, Elż bieta Pohulak-Żołędowska	**Título:**	Risk Management in the Area of Bitcoin Market Development: Example from the USA
por:	Multidisciplinary Digital Publishing Institute	**DOI:**	10.3390/risks12040067
Data:	2024-04-15	**Site:**	MDPI
Editora:	Multidisciplinary Digital Publishing Institute		

[s14] - https://www.mdpi.com/2227-9091/12/10/163

Autor:	Hossein Ghanbari, Emran Mohammadi, Amir Mohammad Larni Fooeik, Ronald Ravinesh Kumar, Peter Josef Stauvermann, Mostafa Shabani	**Título:**	Cryptocurrency Portfolio Allocation under Credibilistic CVaR Criterion and Practical Constraints
por:	Multidisciplinary Digital Publishing Institute	**DOI:**	10.3390/risks12100163
Data:	2024-10-11	**Site:**	mdpi.com
Editora:	Multidisciplinary Digital Publishing Institute		

[s15] - https://www.mdpi.com/2075-5309/12/3/357

Autor:	Asli Pelin Gurgun, Mehmet Ilker Genc, Kerim Koc, David Arditi	**Título:**	Exploring the Barriers against Using Cryptocurrencies in Managing Construction Supply Chain Processes
por:	Multidisciplinary Digital Publishing Institute	**DOI:**	10.3390/buildings12030357
Data:	2022-03-15	**Site:**	mdpi.com
Editora:	Multidisciplinary Digital Publishing Institute		

[s16] - https://www.mdpi.com/1911-8074/17/11/488

Autor:	Junnan Cui, Li Gao, Yufei Wang	**Título:**	The Impact of Cryptocurrency Exposure on Corporate Tax Avoidance Among US Listed Companies
por:	Multidisciplinary Digital Publishing Institute	**DOI:**	10.3390/jrfm17110488
Data:	2024-10-30	**Editora:**	Multidisciplinary Digital Publishing Institute

[s17] - https://www.mdpi.com/2076-3417/11/4/1617

Autor:	Kentaro Fujita, Yuanyu Zhang, Masahiro Sasabe, Shoji Kasahara	**Título:**	Mining Pool Selection under Block WithHolding Attack
por:	Multidisciplinary Digital Publishing Institute	**DOI:**	10.3390/app11041617
Data:	2021-02-10	**Site:**	MDPI
Editora:	Multidisciplinary Digital Publishing Institute		

[s18] - https://dx.doi.org/10.2139/ssrn.3887256

Autor:	Bikramaditya Datta, Idan Hodor	**Título:**	Cryptocurrency, Mining Pools' Concentration, and Asset Prices
por:	SSRN	**DOI:**	10.2139/ssrn.3887256
Data:	2021/08/09	**Site:**	SSRN
Editora:	Elsevier		

[s19] - https://www.mdpi.com/2071-1050/14/14/8708

Autor:	Mohammed Shuaib, Sumit Badotra, Muhammad Irfan Khalid, Abeer D. Algarni, Syed Sajid Ullah, Sami Bourouis, Jawaid Iqbal, Salil Bharany, Lokesh Gundaboina	**Título:**	A Novel Optimization for GPU Mining Using Overclocking and Undervolting
por:	Multidisciplinary Digital Publishing Institute	**DOI:**	10.3390/su14148708
Data:	2022-07-16	**Site:**	mdpi.com
Editora:	Multidisciplinary Digital Publishing Institute		

[s20] - https://journals.plos.org/plosone/article?id=10.1371/journal.pone.0164603

Autor:	Luisanna Cocco, Michele Marchesi	**Título:**	Modeling and Simulation of the Economics of Mining in the Bitcoin Market
por:	University of Cagliari	**DOI:**	10.1371/journal.pone.0164603
Data:	Oct 21, 2016	**Site:**	PLOS ONE
Editora:	Public Library of Science		

[s21] - https://www.mdpi.com/1999-5903/9/3/25

Autor:	Luisanna Cocco, Andrea Pinna, Michele Marchesi	**Título:**	Banking on Blockchain: Costs Savings Thanks to the Blockchain Technology
por:	Multidisciplinary Digital Publishing Institute	**DOI:**	10.3390/fi9030025
Data:	2017-06-27	**Editora:**	Multidisciplinary Digital Publishing Institute

[s22] - https://www.mdpi.com/2075-471X/8/3/16

Autor:	Sergio Luis Náñez Alonso	**Título:**	Activities and Operations with Cryptocurrencies and Their Taxation Implications: The Spanish Case
por:	Multidisciplinary Digital Publishing Institute	**DOI:**	10.3390/laws8030016
Data:	2019-08-05	**Site:**	MDPI
Editora:	Multidisciplinary Digital Publishing Institute		

[s23] - https://www.mdpi.com/1996-1073/16/3/1331

Autor:	Nima Asgari, Matthew T. McDonald, Joshua M. Pearce	**Título:**	Energy Modeling and Techno-Economic Feasibility Analysis of Greenhouses for Tomato Cultivation Utilizing the Waste Heat of Cryptocurrency Miners
por:	Multidisciplinary Digital Publishing Institute	**DOI:**	10.3390/en16031331
Data:	2023-01-27	**Editora:**	Multidisciplinary Digital Publishing Institute

[s24] - https://www.mdpi.com/2073-431X/12/12/257

Autor:	Felix Kahmann, Fabian Honecker, Julian Dreyer, Marten Fischer, Ralf Tönjes	**Título:**	Performance Comparison of Directed Acyclic Graph-Based Distributed Ledgers and Blockchain Platforms
por:	Multidisciplinary Digital Publishing Institute	**DOI:**	10.3390/computers12120257
Data:	2023-12-09	**Editora:**	Multidisciplinary Digital Publishing Institute

[s25] - https://pmc.ncbi.nlm.nih.gov/articles/PMC7402366/

Autor:	Ulrich Gallersdörfer, Lena Klaaßen, Christian Stoll	**Título:**	Energy Consumption of Cryptocurrencies Beyond Bitcoin
DOI:	10.1016/j.joule.2020.07.013	**Data:**	2020 Aug 4
Site:	PubMed Central (PMC)	**Editora:**	Elsevier

[s26] - https://pmc.ncbi.nlm.nih.gov/articles/PMC10833103/

Autor:	Yin Maythu, Andrei OJ Kwok, Pei-Lee Teh	**Título:**	Blockchain technology diffusion in tourism: Evidence from early enterprise adopters and innovators
DOI:	10.1016/j.heliyon.2024.e24675	**Data:**	2024 Jan 14
Site:	PubMed Central (PMC)	**Editora:**	Heliyon

[s27] - https://www.mdpi.com/2071-1050/15/24/16887

Autor:	Sundarasen Sheela, Ahnaf Ali Alsmady, K. Tanaraj, Ibrahim Izani	**Título:**	Navigating the Future: Blockchain's Impact on Accounting and Auditing Practices
por:	Multidisciplinary Digital Publishing Institute	**DOI:**	10.3390/su152416887
Data:	2023-12-15	**Editora:**	Multidisciplinary Digital Publishing Institute

[s28] - https://dx.doi.org/10.1515/ijdlg-2024-0007

Autor:	Jiye Hu	**Título:**	The Regulation of Cryptocurrency in China
por:	De Gruyter	**DOI:**	10.1515/ijdlg-2024-0007
Data:	2024-04-01	**Site:**	De Gruyter
Editora:	De Gruyter		

[s29] - https://www.mdpi.com/2227-9091/12/4/67

Autor:	Laeeq Razzak Janjua, Iza Gigauri, Agnieszka Wójcik-Czerniawska, Elżbieta Pohulak-Żołędowska	**Título:**	Risk Management in the Area of Bitcoin Market Development: Example from the USA
por:	Multidisciplinary Digital Publishing Institute	**DOI:**	10.3390/risks12040067
Data:	2024-04-15	**Site:**	MDPI
Editora:	Multidisciplinary Digital Publishing Institute		

[s30] - https://www.mdpi.com/1911-8074/15/8/346

Autor:	Pascal Bruhn, Dietmar Ernst	**Título:**	Assessing the Risk Characteristics of the Cryptocurrency Market: A GARCH-EVT-Copula Approach
por:	Multidisciplinary Digital Publishing Institute	**DOI:**	10.3390/jrfm15080346
Data:	2022-08-05	**Editora:**	Multidisciplinary Digital Publishing Institute

[s31] - https://www.mdpi.com/1911-8074/17/9/406

Autor:	Namryoung Lee	**Título:**	Joint Impact of Market Volatility and Cryptocurrency Holdings on Corporate Liquidity: A Comparative Analysis of Cryptocurrency Exchanges and Other Firms
por:	Multidisciplinary Digital Publishing Institute	**DOI:**	10.3390/jrfm17090406
Data:	2024-09-09	**Site:**	MDPI
Editora:	Multidisciplinary Digital Publishing Institute		

[s32] - https://www.mdpi.com/2227-9091/9/11/207

Autor:	Yianni Doumenis, Javad Izadi, Pradeep Dhamdhere, Epameinondas Katsikas, Dimitrios Koufopoulos	**Título:**	A Critical Analysis of Volatility Surprise in Bitcoin Cryptocurrency and Other Financial Assets
por:	Multidisciplinary Digital Publishing Institute	**DOI:**	10.3390/risks9110207
Data:	2021-11-12	**Site:**	mdpi.com
Editora:	Multidisciplinary Digital Publishing Institute		

[s33] - https://www.mdpi.com/2227-9091/11/7/122

Autor:	Farhat Iqbal, Mamoona Zahid, Dimitrios Koutmos	**Título:**	Cryptocurrency Trading and Downside Risk
por:	Multidisciplinary Digital Publishing Institute	**DOI:**	10.3390/risks11070122
Data:	2023-07-06	**Site:**	MDPI
Editora:	Multidisciplinary Digital Publishing Institute		

[s34] - https://www.mdpi.com/1911-8074/15/11/532

Autor:	Dora Almeida, Andreia Dionísio, Isabel Vieira, Paulo Ferreira	**Título:**	Uncertainty and Risk in the Cryptocurrency Market
por:	Multidisciplinary Digital Publishing Institute	**DOI:**	10.3390/jrfm15110532
Data:	2022-11-14	**Site:**	MDPI
Editora:	Multidisciplinary Digital Publishing Institute		

[s35] - https://www.mdpi.com/1911-8074/15/8/346

Autor:	Pascal Bruhn, Dietmar Ernst	**Título:**	Assessing the Risk Characteristics of the Cryptocurrency Market: A GARCH-EVT-Copula Approach
por:	Multidisciplinary Digital Publishing Institute	**DOI:**	10.3390/jrfm15080346
Data:	2022-08-05	**Site:**	MDPI
Editora:	Multidisciplinary Digital Publishing Institute		

[s36] - https://pmc.ncbi.nlm.nih.gov/articles/PMC10130660/

Autor:	Jieru Wan, You Wu, Panpan Zhu	**Título:**	The COVID-19 pandemic and Bitcoin: Perspective from investor attention
por:	Nottingham University Business School, University of Nottingham; School of Economics, Beijing Technology and Business University	**DOI:**	10.3389/fpubh.2023.1147838
Data:	2023 Apr 12	**Site:**	PubMed Central (PMC)
Editora:	Frontiers in Public Health		

[s37] - https://www.mdpi.com/1911-8074/17/11/488

Autor:	Junnan Cui, Li Gao, Yufei Wang	**Título:**	The Impact of Cryptocurrency Exposure on Corporate Tax Avoidance Among US Listed Companies
por:	Multidisciplinary Digital Publishing Institute	**DOI:**	10.3390/jrfm17110488
Data:	2024-10-30	**Site:**	MDPI
Editora:	Multidisciplinary Digital Publishing Institute		

Fontes de imagem

As imagens não listadas são de criação própria ou foram adquiridas com licença apropriada. Todos os direitos estão reservados para essas imagens.

Para todas as outras imagens listadas aqui:
Nenhuma das imagens foi modificada, apenas a resolução foi ajustada. Na versão eBook, as imagens foram compiladas em colagens numeradas. Todas as imagens permanecem sujeitas à sua licença original e são usadas de acordo com seus respectivos termos de licença. Se você descobrir erros de atribuição ou outras discrepâncias, entre em contato conosco.

Data da revisão final da imagem: 2025-02-19.

Licença utilizada

CC0 http://creativecommons.org/publicdomain/zero/1.0/deed.en

Créditos de imagem

[i1] - 001_001_001_image_mining.jpeg
https://upload.wikimedia.org/wikipedia/commons/b/b8/Cryptocurrency_logos.jpg
Date: 2016-02-17 **por:** Rmccar99
Artista: voytek pavlik **License:** Public domain

[i2] - 001_001_001_image_peertopeertransaktionen.jpeg
https://upload.wikimedia.org/wikipedia/commons/f/fa/Unstructured_peer-to-peer_network_diagram.png
Date: 2013-07-26 **por:** Kekavigi
Artista: Mesoderm **License:** CC0

[i3] - 001_001_003_image_zweifaktorauthentifizierung.jpeg
https://upload.wikimedia.org/wikipedia/commons/6/6e/Logging_in_with_2FA_on_Wikipedia.png
Date: 2019-06-08 **por:** Newslinger
License: CC0

[i4] - 001_001_003_image_hardwarewallets.jpeg
https://upload.wikimedia.org/wikipedia/commons/b/b3/Trezor_Model_T.jpg
Date: 2023-03-01 **por:** FlippyFlink
License: CC0

[i5] - 001_003_002_image_hardwaretoken.jpeg
https://upload.wikimedia.org/wikipedia/commons/9/97/Yubikey_with_RFID_in_black.jpg
Date: 2011-12-13 **por:** Dennis~commonswiki
Artista: Dennis **License:** CC0

[i6] - 001_003_003_image_bankschliessfach.jpeg
https://upload.wikimedia.org/wikipedia/commons/e/e0/Safeaccounts.jpg

Date:	2005-10-05	**por:**	Kooma
Artista:	Although	**License:**	Public domain

[i7] - 002_001_001_image_quantil.jpeg
https://upload.wikimedia.org/wikipedia/commons/8/8d/Polygone_quartile.png

Date:	4 July 2004	**por:**	File Upload Bot (Magnus Manske)
Artista:	HB	**License:**	Public domain

[i8] - 002_001_003_image_aktie.jpeg
https://upload.wikimedia.org/wikipedia/commons/4/4c/Seattle_Theatre_Company_stock_certificate%2C_1893_%28MOHAI_11491%29.jpg

Date:	1893	**por:**	BMacZeroBot
Artista:	Seattle Theatre Company	**License:**	Public domain

[i9] - 002_001_003_image_gold.jpeg
https://upload.wikimedia.org/wikipedia/commons/5/5b/GoldNuggetUSGOV.jpg

Date:	2005-01-07	**por:**	Jurema Oliveira
Artista:	Unknown authorUnknown author	**License:**	Public domain

[i10] - 002_001_003_image_rohoel.jpeg
https://upload.wikimedia.org/wikipedia/commons/c/c2/Petroleum_sample.jpg

Date:	2020-10-12	**por:**	Nefronus
License:	CC0		

[i11] - 002_001_003_image_anleihe.jpeg
https://upload.wikimedia.org/wikipedia/commons/1/19/Concord%2C_Maynard_and_Hudson_Street_Railway_Company_bond_certificate.jpg

Date:	1902	**por:**	Pi.1415926535
Artista:	Concord, Maynard and Hudson Street Railway	**License:**	Public domain

[i12] - 003_001_003_image_rechenleistung.jpeg
https://upload.wikimedia.org/wikipedia/commons/c/c7/The_catalyst_high_performance_computing_%28HPC%29.jpg

Date:	2013-11-01	**por:**	Markmhawk
Artista:	ENERGY.GOV	**License:**	Public domain

[i13] - 003_002_001_image_application_specific_integrated_circuit.jpeg
https://upload.wikimedia.org/wikipedia/commons/5/5f/BSX2022_20220905_151638%2C_Antennas_and_ASIC_hardware.jpg

Date:	2022-09-05	**por:**	Ohsin
Artista:	Gareeb Scientist	**License:**	CC0

[i14] - 003_002_001_image_grafikkarte.jpeg
https://upload.wikimedia.org/wikipedia/commons/f/f3/Sapphire-Radeon-HD-5570-Video-Card.jpg

Date:	2015-04-19	**por:**	Evan-Amos
License:	Public domain		

[i15] - 003_002_002_image_rechenkern.jpeg
https://upload.wikimedia.org/wikipedia/commons/6/61/NVIDIA_G80_GPU_Core.jpg

Date:	2011-07-23	**por:**	Hyins
License:	Public domain		

[i16] - 003_002_002_image_speicherbandbreite.jpeg
https://upload.wikimedia.org/wikipedia/commons/e/ed/Sierra_Supercomputer_%2848002385338%29.jpg

Date:	2018-07-11	**por:**	MarginalCost
Artista:	U.S. Department of Energy	**License:**	Public domain

[i17] - 003_003_001_image_gewaechshaus.jpeg
https://upload.wikimedia.org/wikipedia/commons/b/b1/Small_greenhouse_with_grapevines_escaping.jpg

Date:	2017-08-22	**por:**	W.carter
License:	CC0		

[i18] - 003_003_002_image_firmware.jpeg
https://upload.wikimedia.org/wikipedia/commons/0/01/Firmware_upgrade.jpg

Date:	14 January 2006	**por:**	Wladston
License:	Public domain		

[i19] - 003_003_002_image_kuehlsystem.jpeg
https://upload.wikimedia.org/wikipedia/commons/c/c2/1U_rack_mount_server_cooling_system_fan_heat-sink.jpg

Date:	2011-09-13	**por:**	GMLSX
Artista:	Tobias Maier	**License:**	CC0

[i20] - 003_003_002_image_netzwerkgeraet.jpeg
https://upload.wikimedia.org/wikipedia/commons/3/38/Raspberry_Pi_4_on_a_network_switch.jpg

Date:	2025-02-04	**por:**	Rail01
Artista:	rail fox	**License:**	CC0

[i21] - 004_001_002_image_asic.jpeg
https://upload.wikimedia.org/wikipedia/commons/e/ee/Avalon-An_ASIC_base_bitcoin_machine.jpg

Date:	2013-09-14	**por:**	Xiangfu
Artista:	张楠赓	**License:**	CC0

[i22] - 004_003_003_image_geldwaesche.jpeg
https://upload.wikimedia.org/wikipedia/commons/7/77/Secret_Service_Asset_Forfeiture_and_Money_Laundering_Task_Force_%28AFMLTF%29.png

Date:	2017-10-10	**por:**	Wiki image 2000
Artista:	U.S. Secret Service	**License:**	Public domain

[i23] - 005_001_003_image_wallet.jpeg
https://upload.wikimedia.org/wikipedia/commons/1/19/Cryptocurrency.jpg

Date:	2025-01-02	**por:**	Anupam738
License:	CC0		

Kolibri 360 GmbH
Ferdinand-Jühlke-Straße 7
99095 Erfurt, Deutschland
produktsicherheit@kolibri360.de